"南粤品质工程"理念与实践系列丛书

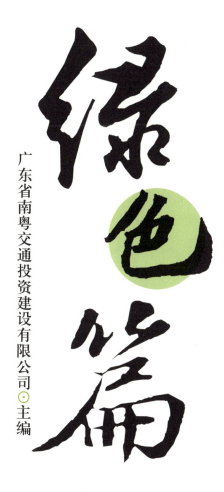

绿色篇

广东省南粤交通投资建设有限公司 ⊙ 主编

人民交通出版社股份有限公司
China Communications Press Co.,Ltd.

内 容 提 要

本册为《"南粤品质工程"理念与实践系列丛书》的绿色篇,主要内容包括广东省南粤交通投资建设有限公司在生态环境保护,资源节约型、环境友好型工程建设,以及如何实现人与自然协调发展等方面的先进经验和方法。

本书可供工程技术人员和管理人员参考。

图书在版编目(CIP)数据

"南粤品质工程"理念与实践系列丛书. 绿色篇 / 广东省南粤交通投资建设有限公司主编. — 北京：人民交通出版社股份有限公司, 2019.11
ISBN 978-7-114-16031-8

Ⅰ.①南… Ⅱ.①广… Ⅲ.①道路工程—道路建设—研究—广东 Ⅳ.①U41

中国版本图书馆 CIP 数据核字(2019)第 253627 号

Nanyue Pinzhi Gongcheng Linian yu Shijian Xilie Congshu　Lüse Pian

书　　名：	"南粤品质工程"理念与实践系列丛书　绿色篇
著 作 者：	广东省南粤交通投资建设有限公司
责任编辑：	韩亚楠　郭红蕊
责任校对：	孙国靖　扈　婕
责任印制：	张　凯
出版发行：	人民交通出版社股份有限公司
地　　址：	(100011)北京市朝阳区安定门外外馆斜街 3 号
网　　址：	http://www.ccpress.com.cn
销售电话：	(010)59757973
总 经 销：	人民交通出版社股份有限公司发行部
经　　销：	各地新华书店
印　　刷：	中国电影出版社印刷厂
开　　本：	787×1092　1/16
印　　张：	6.25
字　　数：	106 千
版　　次：	2019 年 11 月　第 1 版
印　　次：	2019 年 11 月　第 1 次印刷
书　　号：	ISBN 978-7-114-16031-8
定　　价：	80.00 元

(有印刷、装订质量问题的图书由本公司负责调换)

丛书顾问委员会

主 任 委 员：周 伟

副主任委员：翁优灵 贾绍明 黄成造 刘晓华 曹晓峰 童德功
　　　　　　张劲泉 李爱民 王红伟

委　　　员：陈明星 刘永忠 兰恒水 李卫民 鲁昌河 张家慧

丛书编审委员会

主 任 委 员：刘晓华

副主任委员：曹晓峰 童德功 兰恒水 李卫民 鲁昌河 张家慧
　　　　　　职雨风 尹良龙 夏振军 张　栋 邱　钰 朱　方
　　　　　　潘奇志 陈子建 乔　翔 姚喜明 程寿山

委　　　员：陈　红 陈　记 孙家伟 余长春 王文州 刘世宁
　　　　　　胡　健 黄锡辉 何际辉 刘　烜 李史华 杨少明
　　　　　　林　楠 何晓圆 王啟铜 邱新林 叶　勇 张国炳
　　　　　　黄少雄 苏堪祥 张　利 李　斌 肖　鹰 张连成
　　　　　　唐汉坤 薛长武 章恒江 彭学军 李　凯 吴育谦
　　　　　　吴俊强 甄东晓 金明宽 曹春祥 和海芳

本册编委会

主　　编：尹良龙

副 主 编：乔　翔　余长春　陈　记　程寿山　刘小飞

编写人员：王安怀　罗　霆　谭　勇　和海芳　郭松松　刘　靖

　　　　　姚喜明　甄东晓　傅光奇　陈清松　栗学铭　胡正涛

　　　　　李根存　罗林阁　李　伟　罗新才　南　电　周振宇

　　　　　王　波　陈明晓　牛敏强　黎景光

序一
PREFACE

交通是兴国之要、强国之基。党的十九大明确指出，建设质量强国、交通强国，把提高供给体系质量作为主攻方向。2019年9月，中央正式发布的《交通强国建设纲要》，明确提出了推动交通发展由追求速度规模向更加注重质量效益转变，由各种交通方式相对独立发展向更加注重一体化融合发展转变，由依靠传统要素驱动向更加注重创新驱动转变，打造一流设施、一流技术、一流管理、一流服务的要求，为我国未来三十年交通发展擘画了宏伟蓝图和指明了奋斗方向。

推进交通运输"品质工程"建设，就是顺应新时代、新任务、新要求的现实之举，是在工程建设领域贯彻落实《交通强国建设纲要》的必然要求。它的核心要义是将交通基础设施建设的提质增效和转型升级作为主攻方向和动力源泉，以质量变革为主体、效率变革为主线、动力变革为基础，在建设理念、管理举措、技术进步方面有新作为，在工程质量、安全、可持续发展方面取得新成效，全面实现交通运输基础设施建设的转型升级和高质量发展，进而实现由交通大国向交通强国的转变，加快建成人民满意、保障有力、世界前列的交通强国，为全面建成社会主义现代化强国、实现中华民族伟大复兴中国梦当好先行。

交通运输的高质量发展，首先是基础设施工程项目的高质量建设。改革开放以来，我国交通基础设施建设经历了40多年的发展，建成了一批在世界范围内具有影响力的跨海（江）桥梁、长大隧道、大型沿海港口工程，也积累了大量工程建设和管理经验,在工程建设方面已具备了再上新台阶的基础条件。"品质工程"继承和丰富了现代工程管理的理念和内涵,追求工程内在质量和外在品质的有机统一,是一个站在新的历史起点上推进交通建设工程质量转型发展的有力举措,是公路水运建设工程转入高质量发展的序曲和基础支撑。

广东省南粤交通投资建设有限公司主动把握工程建设发展的新趋势,率先开展了"南粤品质工程"创建活动。经过3年多的实践探索,形成了"高质量理念、高质量管理、高质量产品、高质量服务"的南粤品质特色。在实践过程中,桩基标准化、路基标准化、房建标准化作为标准化设计的重要组成部分,丰富和完善了广东省标准化设计体系,促进了工程建设标准化工作的发展。优质优价、优监优酬、双标管理、首件工程制、五赛五比等举措逐一落实,提高了项目建设管理水平。植被修复、废渣利用、"永临结合"等节能减排、生态环保技术的应用,革新了建设理念,推动了绿色发展。数百项微创新成果改进了现有工艺、设备,汇聚了集体智慧,弘扬了工匠精神,提高了生产效率,提升了工程质量。服务设施的人性化、路政管理的标准化、运维养护的数字化,全面提升了营运服务水平。总的来说,广东省南粤交通投资建设有限公司在"品质工程"创建过程中积极探索、勇于创新,付出了艰辛努力,取得了显著成效,展现了良好风采。

《"南粤品质工程"理念与实践系列丛书》就是"南粤品质工程"创新成果的系统总结,从建设理念、设计、管理、质量、创新、绿色、安全、服务、展示等九个方面,全面反映了"南粤品质工程"的创建过程和经验体会,内容丰富、形式新颖、针对性强、推广价值高,可为建设"平安百年品质工程"提供重要的参考与借鉴。开卷有益,我们期待着广大交通工程建设的从业者都能积极地行动起来,主动作为、积极探索、广泛交流、共同努力,不断提升技术、管理和服务,推动交通基础设施高质量发展,促进交通工程项目品质工程建设再上新的台阶。

交通运输部总工程师

2019年10月

序二
PREFACE

跨过山海江河,只为"品质工程"
——记《"南粤品质工程"理念与实践系列丛书》

《"南粤品质工程"理念与实践系列丛书》(以下简称《丛书》)记载了南粤交通人在"品质工程"道路上的汗水和艰辛,见证了南粤交通人在推进高速公路高质量发展道路上的不断提升和超越!

广东省南粤交通投资建设有限公司(以下简称"省南粤交通公司")于党的十八大之后成立。在那段时期,党和国家的各项事业取得了重大成就,社会面貌发生了深刻变革;彼时的广东,正紧紧围绕习近平总书记在广东考察工作时提出的"三个定位、两个率先"的总目标,不断优化区域协调发展空间布局,举全省之力推进粤东西北地区振兴发展;彼时的南粤交通人,毅然决然地在广东省交通基础设施建设道路上,在"加快高速公路建设,助力粤东西北发展"的高速公路建设大会战战场上,扛起了广东省政府还贷高速公路建设发展的大旗,不断前行。2017年10月,在党的十九大召开前夕,省南粤交通公司站在新时代的门槛上,再一次迎来历史性的发展跨越——经过与广东省交通集团有限公司完成重组改革,在企业发展之路上实现了华丽蝶变。在以"高质量发展"为主旋律的新时代公路建设发展浪潮中,该公司于2017年、2018年分别实现了高速公路高质量通车的企业管理目标,连续2年的通车总里程占全省2年通车总里程的82%;为广东省构建区域平衡、协调发展新格局,助力脱贫攻坚,做出了行业贡献；为广东省高速公路总里程突破9000km、连续5年居全国第一，贡献了"南粤力量"。

省南粤交通公司肩负着约2000km政府还贷高速公路建设营运管理的重任，项目建设总投资额约为2400亿元，新开工高速公路约1618km，占广东省同期新开工高速公路总里程的37%，项目覆盖广东省19个地级市。新开工建设的项目中，有广东省高速公路建设史上单独立项线路里程最长的项目——汕昆高速龙川至怀集段（全长366km），有粤港澳大湾区的重大工程项目——港珠澳大桥珠海连接线，有全省最长的高速公路隧道——金门隧道，还有拱北隧道、通明海特大桥等一大批跨海、跨江、跨河、跨山通道……项目规模庞大，工程技术复杂，施工难度高。

依托上述体量庞大的建设项目集群，省南粤交通公司在积极探索高速公路建设管理现代化管理体系的道路上，以广东省先行先试，以"弘扬现代工匠精神，打造南粤品质工程"为主题，开启了"南粤品质工程"创建活动的新征程。《丛书》全面介绍了"南粤品质工程"的发展脉络，凝聚了南粤交通人在谋求高品质发展道路上的集体思考；体现了"南粤品质工程"以技术为引领，以人为本，以自然为载体，以长寿命安全为目的的高品质高速公路建设体系；有理念与管理，有质量与安全，有设计与创新，有绿色与服务，有全方位、多维度的成果展示，还有南粤交通人对当前公路建设发展的审视和对未来的展望，彰显了省南粤交通公司"大道为公"的内涵。

这套《丛书》既是省南粤交通公司建设工作的总结，也是和国内外同行交流沟通的平台，既可为同类项目建设提供参考，也可为下阶段行业开展"平安百年品质工程"提供借鉴。希望广大公路建设者充分交流、不断总结实践经验，努力推进高速公路建设发展再上新台阶！

广东省交通集团有限公司总经理

2019年9月

前言
FOREWORD

十九大报告提出，必须树立和践行绿水青山就是金山银山的理念，坚持节约资源和保护环境的基本国策，像对待生命一样对待生态环境，统筹山水林田湖草系统治理，实行最严格的生态环境保护措施，形成绿色发展方式和生活方式，坚持走生产发展、生活富裕、生态良好的文明发展道路，建设美丽中国。

自十八大以来，纵观国家、省层面，绿色交通发展已上升至更高层次，成为我国交通运输发展的行动指南。当下，广东省高速公路建设已从"高速度增长"转向"高质量发展"，绿色理念是品质工程建设的基本要素之一，积极推进社会主义生态文明建设，发展绿色交通，建设品质公路，创造美好生活，筑建"畅、安、舒、美"的大美交通梦，就是要将生态保护红线意识贯彻到交通运输发展的各个环节，解决好因交通基础设施建设发展所引起的土地、环境问题，建设资源节约型、环境友好型绿色生态公路，快速提升绿色、低碳、集约发展水平。

广东省南粤交通投资建设有限公司作为近年来全国最大的交通投资建设主体之一，也是全国首个自行出台"品质工程"建设指导意见的企业，统筹所属项目开展绿色公路创建，不断创新理念、方法和手段，积极推进"品质工程"建设。项目建设过程中，结合所属项目自身特点，坚持公路与自然和谐相处的理念，采用有效、可行措施，最大限度地降低了项目施工对沿线生态环境的干扰，取得了良好建设效果。

本册在编写过程中对广东省南粤交通投资建设有限公司建设管理的高速公路进行了大量调研，充分听取了一线人员关于高速公路绿色环保工作方面的意见和建议，经总结提升，为国内高速公路建设者和管理者提供借鉴与参考，推动绿色环保高速公路持续健康发展。

作　者

2019年8月

目录
CONTENTS

第一章　绪论　01

第一节　"南粤品质工程"建设背景　02
第二节　"南粤品质工程"建设总体思路　03

第二章　生态环保　05

第一节　生态环境资源保护　06
第二节　生态环境保护设施　17
第三节　生态环境恢复　25

第三章　资源节约　31

第一节　资源节约集约利用　32
第二节　自然资源再生利用　42

第四章　节能减排 ... 57

第一节　节能低碳技术 58
第二节　污水处理及泥浆循环利用技术 65

第五章　仁博高速公路实例 ... 71

第六章　展望 ... 87

第一章

绪论

第一节 "南粤品质工程"建设背景

过去40年,公路行业始终把加快交通基础设施建设、扩大基础设施供给能力、提高交通运输服务的质量和水平作为主要任务,高速公路在"量"的积累上具备了一定的规模,交通运输紧张状况已基本得到缓解。但随着经济社会的快速发展、国家公路网的逐步连线成网,因高速公路快速发展而积累下来的一些深层次问题也逐步显现,如体制机制和管理体系的问题,环境、土地约束等外部环境制约发展的问题。在未来高速公路建设过程中,应借鉴以往经验教训,运用更加科学有效的方式来推动高速公路建设。"十三五"时期,高速公路发展将步入全面深化改革与规范发展的关键时期,从注重建设规模和速度转向更注重科学合理可持续发展,从注重"量"转向注重"质"的深层次发展。

为实现高速公路建设可持续发展,亟待突围"大而不强"的状态,在大规模建设的同时,加快提升内在品质和外在服务,打造交通基础设施建设的升级版,形成"中国制造2025"的核心竞争力之一。随着高速公路的建设发展,自然环境、土地资源对高速公路建设的影响越来越突出,高速公路建设对绿色环保的要求也越来越高,国家对自然环境的保护越来越重视。因此,在高速公路建设时,必须将绿色环保的理念贯穿其中,积极打造绿色环保工程。

绿色环保是交通运输部"品质工程"建设中的一项重要内容,其包含生态环保施工、资源节约和节能减排三项内容。2015年10月,交通运输部首次在全国公路水运工程质量安全工作会议上提出了打造"品质工程"的新理念;2016年12月交通运输部《关于打造公路水运品质工程的指导意见》正式印发;2018年2月,交通运输部印发《品质工程攻关行动试点方案(2018—2020年)》,以解决公路水运工程建设重点领域中的突出问题。

2016年12月,广东省交通运输厅转发《交通运输部关于打造公路水运品质工程的指导意见》,而在2016年8月,广东省南粤交通投资建设有限公司(以下简称"省南粤交通公司")就发布了"南粤品质工程"创建实施方案。为贯彻落实交通运输部关于打造"品质工程"的新理念和广东省交通运输厅的有关要求,着力提升高速公路建设管理水平和营运服务能力,省南粤交通公司决定在建设项目中开展"南粤品质工程"创建活动,并制订了"南粤品质工程"创建方案。坚持公司引导、项目为主的推进方式,在公司引导、统筹的基础上,注重发挥项目参建各方在"南粤品质工程"创建活动中的主动性和创造性,形成公司与项目分责明确、共同推进的路径与机制。

省南粤交通公司在绿色环保工程建设方面,鼓励各项目深入学习和领会交通运输部、

广东省交通运输厅有关文件精神,发挥自主能动性,积极创新,以实现绿色环保高速公路建设目标,其概括为以下三部分:

第一,在前期统筹设计方面,将尊重自然、绿色低碳、服务地方等理念融入项目前期规划中,增强规划的前瞻性和针对性;针对如何将绿色环保的理念与现代工程相结合,如何在成本控制与绿色环保工程建设之间找到平衡点,以及如何将绿色环保工程建设与当地地方建设相融合等方面进行深入研究和探索,并体现在前期规划中。

第二,在生态环保设计方面,集约节约土地资源使用,有效避让基本农田,强化生态景观设计,细化防护排水设计,提升道路景观,注重生态功能恢复,促进循环经济,不断推进生态文明建设;借鉴生态环保设计理念在其他领域中的先进做法,结合现代工程建设理念,综合项目当地实际状况,在土地利用率、生态环境保护效率和循环经济发展效率上开展广泛的调研工作,以达到现代绿色环保工程建设的要求。

第三,在绿色节能设计方面,探索建筑保温、清洁能源、再生能源、节能通风与自然采光等绿色节能技术应用;落实污水处理和利用,推广水循环利用技术;推广应用 LED 节能灯具、照明智能控制系统等新设备新技术,因地制宜推广太阳能、风能等清洁能源,注重存量资源挖潜扩容升级,尝试推进废旧材料循环利用,强化结构性减排和技术性减排;针对项目沿线的供电、供水和供能的需求,将新能源应用和提高能源利用率相结合,将节水理念与提高水资源利用效率相结合,将临时用电与永久用电相结合,开发与节约并举,以实现绿色节能的建设要求。

第二节 "南粤品质工程"建设总体思路

习近平总书记指出,绿水青山就是金山银山。同时,习总书记强调,要正确处理好经济发展同生态环境保护的关系,牢固树立保护生态环境就是保护生产力、改善生态环境就是发展生产力的理念。党的十八大首次把"美丽中国"作为生态文明建设的宏伟目标,把生态文明建设摆上了中国特色社会主义"五位一体"总体布局的战略位置。品质工程建设紧跟生态文明建设要求,坚持生态优先、绿色发展,把生态环境保护摆上优先地位,重视生态文明建设,在工程设计、施工、运营期间实现沿线生态环境保护。

品质工程在绿色环保方面的要求主要分为生态环保、资源节约和节能减排三个方面。生态环保包含生态环境保护和监测两项内容,针对因施工造成的破坏进行修复,精细化管理施工,减少废水、弃渣、扬尘、油污等对周边环境的污染,并针对生态敏感区开展监测工作。资源节约包含节约用地与再生利用两项内容,因地制宜采取措施减少耕地及农田占用，重视临时用地恢复，充分利用废渣、废料，实现资源再生利用。节能减排包含节能措施与减排措施两项内容，施工建设期间采用节能技术、产品、设备和清洁能源，合理控制能耗。

省南粤交通公司结合品质工程在绿色环保方面的要求，深入落实并研究生态文明保护工作的开展方式，从生态环保、资源节约、节能减排的角度出发，针对性采用相关措施实现绿色环保。

在生态环保方面，首先，开展公路沿线生态资源保护工作，以实现对沿线动植物资源、水土资源的保护；其次，针对生态敏感区提高道路防撞等级，防止意外事故对水资源造成影响，同时采用污水净化设施对沿线生活、工业、交通废水进行处理；最后，针对工程建设期间环境破坏进行修复，达到绿色环保。

在资源节约方面，一方面重视资源节约集约利用，另一方面强调自然资源再生利用。通过土地资源合理利用规划，结合"永临结合"设施，实现对土地资源的节约集约利用；结合项目沿线表土资源、矿物资源、水资源的分布及使用情况，开展再生利用研究工作，实现了对珍贵资源利用效率的最大化。

在节能减排方面，从能源节约和减少排放的角度出发，针对性开展研究工作。在能源节约方面，开展隧道照明节能技术研究、煤粉利用效率提升技术研究以及天然气在施工期间的应用研究，进而实现节能目的；在减少排放方面，采用合理的污水处理措施，污水经处理后再排放，最大限度地降低对环境的污染。

省南粤交通公司深入贯彻落实品质工程的相关要求，在品质工程要求的基础上积极探索，加强公路沿线生态环境保护，坚持人与自然和谐相处，统筹沿线资源利用，实现资源节约集约利用，创新节能减排措施，落实优质工程举措。

省南粤交通公司所属建设及营运项目，结合交通运输部、生态环境部、广东省交通运输厅等主管部门对绿色环保工程建设的要求，从生态环保、资源节约、节能减排、人与自然协调发展等几个方面出发，对先进做法及经验进行总结和提炼。

第二章

生态环保

高速公路建设不可避免地会对沿线生态环境造成一定影响,如沿线动植物资源栖息地变化、水土流失等。为将高速公路对自然生态环境的影响程度降到最低,省南粤交通公司在项目建设期间采用合理的环境保护措施,实现了人与自然的和谐相处。生态环境保护设计原则主要有:

1. 公路选线选址应科学合理,坚持不破坏就是最大的保护,减少林地、湿地、自然保护区、水源保护区的占用,顺应地形、地貌,减少高填深挖,尽量减少对自然环境的破坏。

2. 公路建设尽可能保证原有生态系统的连续性,尽量避绕自然保护区、文化名胜区和水源保护区;施工期间注意保护自然水流形态,施工结束后清理河道中的工程废弃物。

3. 尽量维持路域生态系统的稳定,针对生态系统内的绿化,因地制宜,尽可能选用乡土物种,并尽量淡化界域概念。

4. 采取科学的生态防护技术,改善和保护生态环境,细化对林地、湿地、自然保护区、水源保护区等生态防护要求,保护公路沿线的动植物,以求生态系统稳态发展,加强施工管理,减少植被破坏。

5. 尽量进行生态环境恢复,包括公路用地范围内的绿化、水土流失防治和沿线环境整治。

第一节　生态环境资源保护

生态环境资源是人类生存与发展不可或缺的一部分,应时刻得到保护与利用。省南粤交通公司所属项目按照绿色发展理念,对高速公路沿线的原生植被资源、动物资源、水源以及其他生态敏感区、保护区,坚持保护为先、利用为辅,采用环保设计方案,实现了对生态环境的保护,减少了自然资源的消耗,将高速公路建设成绿色之路、生态之路、可持续发展之路。

一、生态动植物资源保护

森林生态系统是陆地生态系统的重要组成部分,是陆地生态平衡的主体。以往高速公路项目施工建设时,往往直接将沿线植被随意砍伐,不加以使用,造成了严重的资源浪费,同时对沿线森林资源造成了严重破坏。为避免项目沿线森林资源的消失,省南粤交通公司坚持绿色环保工程建设的要求,结合现场林木覆盖情况,积极推动树木移植培育保护工作,并对公路建设范围之外的森林资源建立"生态红线"保护区,制定严格的生态破坏处罚管理制度,以减少因施工不当对森林资源的影响。树木移植培育工作和"生态红线"保护区建设的开展,不仅产生了较好的经济效益,同时也带来了无价的生态效益,最大限度地降低了对当地自然环境的破坏,实现了对沿线动植物资源的有效保护。

(一) 原生树木移植

原生树木移植保护工作是指在高速公路清表过程中,将高速公路红线范围内有价值的树木移植到培育基地进行培育,待到高速公路进行景观绿化施工时,再将树木移栽到高速公路路侧及互通、管理中心等地。原生树木移植保护工作具有较好的经济效益、生态效益和社会效益。其中在社会效益方面:

1. 保护了原生生态资源:将公路红线内的原生大树进行保护性移栽,并应用于服务区、互通、管理中心等处的绿化工程中。不仅减少了外购大规格苗木的数量,节约工程造价,而且避免项目影响区内原生大树的清理砍伐,保护了生态资源。

2. 提高了项目绿化景观质量:将原生大树用于高速公路绿化工程,不仅能够避免植物对该地区环境的不适应,同时能够以最快、最经济的方式打造生态环保的优质景观路。

3. 具有推广应用价值:作为一种先进的环保理念,原生大树移栽完全符合国家推行的"资源节约型、环境友好型"可持续发展战略要求,在公路、铁路、城市绿化等诸多重大工程中具有广泛的推广应用价值。

龙怀项目英怀段、云湛项目阳化段、仁博项目仁新段针对项目沿线生态植被资源的品种、类型、生长习性等进行了细致的调研,通过与林业管理单位、相关科研单位交流,确定植被资源对生态环境的影响效应,根据现场调研和分析,稳步推进树木移植培育工作,实现了原生树木生命的延续和植被资源的保护。如图2-1、图2-2所示。

a)　　　　　　　　　　　　　　　b)

图2-1　龙怀项目英怀段原生树木移植

1. 龙怀项目英怀段为更好地保护具有一定价值的原生树木,在征地红线清表期间同步开展原生树木移植工作,即将原生树木移植至怀集管理分中心集中进行养护管理,养护成活后再将其移植回高速公路互通、服务区等位置作为绿化树种进行种植,以实现其生命的延续。

a) b)

图 2-2　云湛项目阳化段原生树木绿化

2. 云湛项目阳化段结合沿线森林资源的分布情况,借鉴以往自然资源保护的方法,最终仍以树木移植培育保护为主,通过制定严格的管理制度,对沿线森林资源实现制度上的保护。

3. 仁博项目仁新段公路沿线景观变化多样,植被群落差异较大,乡土树种资源丰富。为保护珍稀植物,项目部科学合理地开展原生树木移植工作,按照原生大树调查与路线选择——苗木的筛选、统计、分类——苗木保护性移栽技术研究——移栽大树 4 个步骤对全线重要原生大树进行移植培育。

(二)"生态红线"保护

生态保护红线所包围的区域为"生态红线"保护区。生态保护红线的实质是生态环境安全的底线,目的是建立最为严格的生态保护制度,对生态功能保障、环境质量安全和自然资源利用等方面提出更高的监管要求,从而促进资源环境相均衡、经济社会生态效益相统一。

广东省自然资源丰富,公路建设沿线条件复杂,项目施工沿线涉及大量生态环境保护区、珍稀动植物物种保护区以及水源保护区。项目实施过程中,必须采取有效可行措施以减少对当地动植物物种的影响,始终坚持"不破坏就是最大的保护"的指导方针,生态保护从项目建设前期开始着手,从设计、施工以及后期养护管理角度出发,设置"生态红线"保护区,减少对原始自然生态的干扰,实现人与自然的和谐统一。

省南粤交通公司各建设项目在公路路域之外设置项目级"生态红线"保护区,对非建设区域以合理的方式实施保护,制定严格的检查与处罚制度,时常检查,随机抽查,将生态环境的保护列入考核指标。大丰华项目、仁博项目仁新段等通过设置"生态红线"保护区,降低了现场施工对已有自然环境的影响,同时实现了对原有动植物及其栖息地的保护。下面结合大丰华项目、仁博项目的"生态红线"保护方法,对"生态红线"保护区进行简要介绍。

1.大丰华项目将原生植被、水体和湿地划入红线保护范围内,对项目互通、房建场区及边坡等范围划定"绿色生态保护区",要求各施工单位在不影响施工的范围进行严格保护,坚决控制对公路建设沿线水土环境的干扰,保证"生态红线"政策的连续性。现阶段,大丰华项目已对沿线多处保护区原生植被、水体和湿地进行围闭保护,并严格管理,监督各施工单位对红线保护区进行必要的维护工作,如图2-3所示。

图2-3 "绿色生态保护区"围闭保护

2.仁博项目仁新段将生态环保工程与公路建设工程紧密结合,在项目实施期间结合自身特点,在生态环境保护必要区域设立了"生态保护区"和"生态保护带"。其在项目互通区域、房建场区划定"生态保护区"共5处,并对保护区原生植被进行围闭保护,避免重复绿化;划定堑顶开挖线至用地红线范围为"生态保护带",严禁原生植被破坏,减少对当地物种生存活动的影响,避免过多干扰当地动植物正常的生存环境,同时避免后期的二次绿化。

二、沿线水土资源保护

公路建设过程中会不同程度地扰动原地貌,使其原有的水土保持设施功能降低或丧失,若不及时采取有效的水土保持防治措施,就会造成人为水土流失现象的加剧,增加水土流失面积和流域输沙量,对周边区域的生态环境及水土资源的可持续利用造成不良影响。水土资源保持是指针对自然因素或人为活动造成水土流失而采取的预防和治理措施。目前,水土保持方法主要由3大类措施组成:水土保持农业技术措施、水土保持林草措施和水土保持工程措施。

省南粤交通公司各建设项目围绕水土保持方法进行积极探索,始终重视水土保持工作,从优化施工工艺、减少对山体开挖、水资源收集并循环利用、采用工程措施与林草措施恢复破坏区域等方面着手,实现水土资源保持的目标。仁博、龙怀等项目在水土保持方面将工程措施与林草措施相结合,有效地控制了项目沿线的水土流失,极大地降低了对公路沿线自然环境的干扰,实现了对原有生态环境的恢复,提高了生态效益。

1. 仁博项目沿线花岗岩残积层、全强风化层、石炭系碳质、泥质页岩、砂岩残积层等都有不同程度的坡面冲刷、水土流失问题,花岗岩残积层的坡面冲刷尤为严重。项目部根据工程特点及沿线地形、地貌和沟道情况,考虑到公路建设施工区两侧为轻微侵蚀区域,采用以工程措施为主,植物措施和复垦措施为辅,将工程措施和植物措施相结合的水土防护方法,协调布设,构成完整的水土流失防治体系。其中,仁新段在沿线高填路段,采取挡土墙、护面墙和浆砌片石等工程措施,保证边坡稳定;进行土方工程施工时,同步开展路基的截排水工程。新博段处理清表土集中堆放问题时,从下往上分层填筑,并采用开挖临时排水沟方式,防止因雨水冲刷造成水土流失和污染林地、农田,同时将雨水引入当地排水系统,以实现水资源的循环利用。

2. 怀阳项目建设区域内表层土壤分布有第四系残坡积碎石土、亚黏土、黏土和冲洪积黏性土、砂土、圆砾土、卵石土,局部分布有淤泥质粉质黏土,力学强度较低。为控制水土流失,怀阳项目在路基边缘设置拦水土埂,将收集的雨水通过临时急流槽排出,避免雨水漫流冲刷边坡。

3. 龙怀项目龙连段在公路建设中提出公路基础设施建设与环境保护全面协调发展的全新思维方式,以生态环境保护为目标,注重隧道零开挖进洞施工理念,推行采用"零开挖+明洞"方式施工,要求全线隧道进洞施工前对地表及洞口位置进行详细测放及不断优化,尽可能减少对山体的破坏,保护了山体原有结构及原生态植被,实现了洞口结构稳定、施工与自然环境保护的和谐统一,做到了高速公路与自然环境的和谐共存,如图2-4所示。

4. 潮漳项目为了控制项目建设期间对水土资源的破坏,采取了一系列水土保持措施。路堤边坡开挖前,坡顶即实施了截排水措施;路基边坡分级处理后,及时实施混凝土框格植草护坡措施,并采用无纺布覆盖,将刚性防护与柔性防护相结合;施工生产生活区通过采用地表硬化和景观植被相结合的方式,有效减少因地表裸露造成的水土流失,如图2-5所示。

图 2-4　龙怀项目龙连段粗石山隧道进口

图 2-5

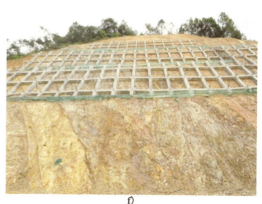

图 2-5　潮漳项目水土保持现状图

三、生态敏感区环境保护

生态敏感环境区是指那些对人类生产、生活活动具有特殊敏感性或具有潜在自然灾害影响,极易受到人为不当开发活动影响而产生生态负面效应的地区。由于生态敏感环境区生态条件往往比较脆弱,一旦遭到破坏较难以恢复,因此项目建设若涉及生态敏感区,应根据生态敏感区具体情况,结合项目施工自身特点,通过采用路线规避、优化施工工艺等方式减少对生态敏感区的干扰。因部分高速公路项目途径水源保护区、野生动植物保护区、自然保护区等区域较多,为避免在建设期内对生态敏感区造成严重影响,应通过前期调查、方案优化等方式,具体问题具体分析。

(一)自然保护区

为了降低项目建设对自然保护区内动植物的影响,国内公路项目在建设时,往往从设计方面出发,通过优化选线设计,尽量减少对沿线自然保护区的影响;在施工时,加强施工管理,优化施工工艺,严格进行施工环境监督。

1. 龙怀项目龙连段沿线特殊生态敏感区有3处,包括连平县河头县级自然保护区、连平县西山县级自然保护区、连平县雷公寨县级自然保护区。根据项目实际情况,为减少对沿线生态敏感环境区的影响,项目分别以桥梁(坪山大桥、大埠河大桥)、隧道(东联隧道)穿越河头、西山保护区的北部边缘区域,有效地实现了对自然保护区的规避,最大限度地降低了对生态保护区的干扰,如图2-6所示。

图 2-6　龙怀项目龙连段生态敏感区

2. 河惠莞项目涉及的敏感环境保护区域包含枫树坝自然保护区、黄江自然保护区及赤竹坪生态严控区，施工过程中项目要求各施工合同段临建、弃土场等设施均设置在生态敏感区域外，严禁将施工废水、废弃物等倾倒在敏感区域内，同时加强森林火灾预警机制。

（1）在环境敏感区域沿线，尽可能采用桥隧形式通过，减少路基对生态环境的破坏。项目在枫树坝自然保护区沿线，设置龙川枫树坝大桥（图 2-7）跨越枫树坝水库，采用一跨跨越库区的布置形式，并设置油水分离池，减少对库区生态的影响，并且在保护区范围内设置全隧道穿越，保留足够长的动物通道以供动物穿行。项目在穿越黄江自然保护区约 2.59km 长路段中，采用全隧道穿越。项目在穿越赤竹坪生态严控区约 4.35km 长路段中，设置一座 3km 特长隧道，近 70% 里程采用隧道穿越。

图 2-7　龙川枫树坝大桥

（2）在环境敏感区域沿线施工过程中，工程沿线设置敏感区警示标志标牌，严控临近保护区路段施工及临时占地行为，对施工便道裸露边坡区域进行复绿，对施工沿线破坏区域及时采用生态措施进行恢复，如图2-8所示。

图2-8　赤竹坪特长隧道

（二）水源保护区

高速公路沿线水系发达、水环境敏感，水环境保护要求高。施工过程中产生的施工废水的直接排放，重金属、碳氢化合物等含量较高的公路桥面雨水的直接排放，服务区的生活污水及含油废水的直接排放等，均会对沿线湿地生态环境、水环境产生极大危害，甚至破坏水生态环境。在高速公路设计中，路线走向应避免进入沿线水源保护区的二级保护区，同时沿线的附属设施尽量不要设置在饮用水源保护区范围，避免高速公路路面径流和服务设施产生的污染物对饮用水源保护区产生不利影响。因此，在公路建设时，应将水源敏感区保护作为一项关键任务。

1.龙怀项目龙连段穿越龙川县城开发区东江饮用水源二级保护区。根据设计方案，龙怀项目龙连段起点为佗城枢纽互通，因东江大桥经过该饮用水源二级保护区，故东江大桥主跨设计采用一孔跨越东江，并对线外进行适当优化调整，调整后线位尽可能远离吸水点，最大程度减小工程对饮用水源保护区的影响。龙怀项目连英段设置径流收集池，用于防止路面以及路基边坡汇水直接进入水源保护地和河流，从而避免对水源保护区造成污染。

2.清云项目西江特大桥跨越西江二级水源区，沿路线左侧1km处是大王山国家森林公园，周边还有广东鲂国家级水产种质资源保护区。为了保护西江及周边生态环境，西江特大桥（图2-9）首先在方案设计中采用了主跨360m中央索面预应力混凝土梁斜拉桥方案，大幅减少对水体的扰动破坏，并且采用了新的BIM（建筑信息模型）技术系统，在工程质量上做到了提前预测,计划实时施工;施工时采用零污染排放、静音旋挖钻机、清水桩等施工工艺或器具来减少对河道的污染和破坏;运营期设计采用桥面径流收集处理与监测预警处理,保护水源敏感区环境。

图 2-9　西江特大桥

3. 潮漳项目穿越韩江鼋、花鳗鲡市级自然保护区,项目对保护区的影响主要集中在施工期,施工过程中会在一定程度上影响鼋、花鳗鲡的生存环境,破坏鱼类、鼋、花鳗鲡等赖以索饵洄游、产卵繁殖的场所,损害江河渔业资源。为了保护水域资源以及渔业资源,项目部在建设期间采取了以下保护措施:

(1) 合理安排施工作业方案,建设期间尽量避开鱼类的繁殖产卵期,严格控制施工时间,不得随意延长施工期。

(2) 在保护区内进行水下施工作业时,对施工作业点利用防污屏进行围护,以保护自然保护区内珍稀、特有生物的生存环境。在水域进行打桩施工时,应注意观察水面,如遇到珍稀保护生物时应停止施工,并采用敲击方式进行善意驱赶。

4. 揭惠项目途经秋风水库,其为饮用水源一级保护区。项目部针对可能对秋风水库造成影响的路段采用"地表水与公路路面水分离排放"原则,设置两套集排水系统:第一套是无影响水体集排水系统,恢复原有地表水系统,通过公路范围时,采取隔离措施,确保不受影响,然后引导至下游原有地表排水系统,汇入秋风水库;第二套是公路路面集排水系统,通过该系统将路面水集中汇集,引导出水库范围,进行处理后再排放,从而确保路面水不进入水库范围。

在新寮门特大桥路段,原设计在新寮门特大桥左、右线桥梁之间设置桥梁式渡槽,在新寮门特大桥大里程方向通过把前面路段的路面水汇集到纵向渡槽中,将水排至地势较低侧的新寮门特大桥小里程方向,通过横向渡槽顺接道路排水沟,将水引至高程小于秋风水库的区域排走,如图 2-10~图 2-12 所示。

图 2-10 秋风水库库区水系分布示意图

图 2-11 新寮门特大桥途经秋风饮用水源一级保护区

图 2-12 新寮门特大桥渡槽航拍图

（三）公园保护区

公园保护区与自然保护区相比尽管动植物资源相对较少，但对于生态环境具有同等重要的影响作用。为了减少对沿线森林公园的影响，项目规划设计时，往往采用尽量规避敏感区、增加桥隧比的设计方式，最大限度地降低对生态环境的影响。

龙怀项目龙连段沿线重要公园生态敏感区有 3 处，包括连平县金花洞县级森林公园、连平县鹤湖县级森林公园、广东连平陂头省级地质公园。为规避生态严控区，龙连段适当提高了桥隧比，并采用低填浅挖路基方案（基本接近零填挖），仅仅经过保护区的边缘地带，在保护区范围内无取弃土场、拌和站、预制场、班组驻地等对生态保护区环境不利的因素，并在该区域设置景观绿化，与地质公园景观融为一体，互相协调，如图 2-13 所示。

图 2-13　连平县金花洞县级森林公园生态敏感区

第二节　生态环境保护设施

一、公路降噪设施

声环境的保护对于公路沿线居民、动植物的生存和正常生活具有重要的意义。汽车噪声将对动植物的生存及生活造成严重的影响，甚至危及其生命。为实现对高速公路沿线声环境的保护，通常在公路沿线采用降噪措施控制噪声的传播和对周边生物的影响。目前，国内常用的工程降噪措施主要有声屏障、搬迁、隔声窗、降噪林等。

省南粤交通公司各项目综合考虑沿线各敏感点特征、道路特点、所需的降噪效果以及各种降噪措施适用条件等因素，本着技术可行、经济合理、兼顾公平的原则，在公路建设项目沿线设置声屏障来降低对沿线动植物的影响，并结合当地文化特色和服务理念，对声屏障的结构形式以及布置方式进行设计,宣传和介绍当地悠久历史文化,以实现安全和舒适的双重效果。

云湛项目化湛段将声屏障景观设计与结构设计相结合,结合地域文化和周边环境,重点突出海洋文化风格,实现道路与自然景观协调,带给驾乘人员以舒适和安全的感受。潮漳项目同样在环境敏感区域设置了体现当地文化特色的声屏障,减少车辆对沿线居民及动植物生活的影响,同时宣传了当地文化。声屏障设计如图2-14~图2-16所示。

图2-14　云湛项目声屏障一

图2-15　云湛项目声屏障二

图2-16　潮漳项目声屏障

二、生态防护设施

道路防撞设施本是公路安全的重要组成部分,但同时也是生态保护设施中重要的一部分。道路防撞设施的布置,可使得车辆在出现紧急情况时,不会对水源保护区、生态敏感区等造成较大影响。国内常用的防撞护栏一般有钢筋混凝土防撞护栏、波形护栏和钢索护栏等形式。它利用土基、立柱、横梁的变形来吸收碰撞能量,并迫使失控车辆改变方向,恢复到正常的行驶方向,防止车辆冲出路外,以保护车辆和乘客,减少事故造成的损失。防撞护栏按设置地点可以分为路侧护栏和中央分隔带护栏。省南粤交通公司从安全和环保角度出发,对道路防撞设施开展科学研究工作,经过大量的设计方案比选,最终确定了合理的使用方式。其中,云湛项目阳化段、龙怀项目龙连段、清云项目在道路防撞设施布置时,应用了新材料、新结构,提高了道路防护等级。

(一)云湛项目阳化段道路防撞设施布置

云湛项目在跨二级及以上饮用水源保护区桥梁外侧采用特高等级(HA级)护栏设计方案,有效地提高了公路安全性,尽量减少桥上较大事故发生的可能性及二次事故对桥下饮用水源保护区的影响。该护栏上部钢结构由三根矩形钢管横梁和间距2m的"人"字形立柱组成,具体结构形式如图2-17~图2-19所示。

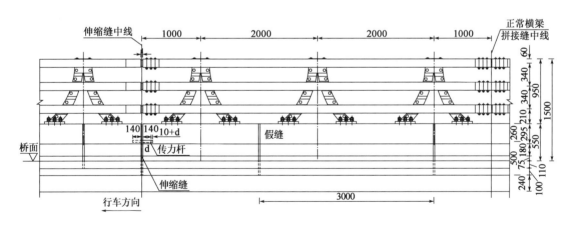

图2-17 特高等级(HA级)钢护栏立面图(尺寸单位:mm)

特高等级(HA级)刚性防撞护栏结构设计新颖、造型美观,具有"以人为本"和"天人合一"的双重寓意。同时,通透造型使行车视野更开阔,缓解驾驶疲劳,提高行车安全性、舒适性。

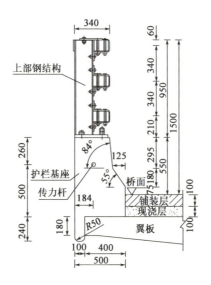

图 2-18　特高等级(HA 级)钢护栏断面图(尺寸单位:mm)

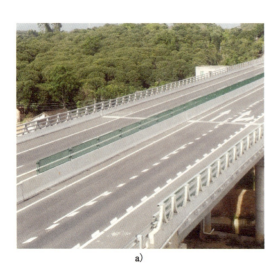
a)

b)

图 2-19　云湛项目特高等级(HA 级)钢护栏

(二)龙怀项目龙连段道路防撞设施布置

龙怀项目龙连段在环境敏感位置设置防护栏,尽量规避意外事故出现时对敏感水体产生二次污染。东江大桥位于东江水源保护区,净空高,桥下通航,并跨越干线公路,原设计桥梁护栏为防护等级 SS 级(防护能量 520kJ)的钢筋混凝土墙式护栏。考虑到东江大桥通车运营后对桥侧安全防护提出了更高标准要求,项目将东江大桥桥侧护栏变更采用特高等级(HA 级)钢护栏进一步加强安全防护,同时提升东江大桥的景观效果,使交通环境与山清水秀的粤北风光更加和谐,提升行车过程中的舒适性和协调性,如图 2-20 所示。

图 2-20　龙怀项目特高等级（HA 级）钢护栏

三、道路排水设施

道路排水设施较多，边沟的应用较为普遍。边沟是设置在挖方路基外侧或低路堤的坡脚外侧，用以汇集并排除路基范围内和流向路基的少量表面水的纵向水沟，现在国内大部分公路路堑边沟均采用矩形或者梯形浆砌边沟或混凝土边沟。圬工砌体边沟虽然施工相对简单，但是对于行车视觉美感而言较差，同时，大量圬工的出现破坏了原有自然生态。

生态边沟则是将原来的浆砌边沟及边坡碎落台、部分土路肩合并，设置成一种浅碟形的土沟，土沟上面通过挂三维网喷播植草防护，从而起到了减小圬工增加绿化的作用。其在满足公路排水功能的基础上，结合生态防护的理念，因地制宜，与当前的地形地貌、自然环境相协调，以营造更好的公路行车环境。

仁博项目新博段采用生态边沟设计，以绿色替代了灰色，与边坡生态恢复融为一体，使得行车人的视觉感更宽阔。

项目主线挖方段采用浅碟形（BG-A）、浅碟形＋明矩形（BG-B、BG-C）的断面形式，排水路径不长、非双向长挖方路段可采用浅碟形（一般使用在边沟长度≤100m 超高段外侧以及互通整平区内）；当浅碟形边沟无法满足排水要求时，可在浅碟形边沟下方增设一个明矩形边沟构成一个组合式边沟（BG-B、BG-C）。如图 2-21～图 2-23 所示。

四、污水净化设施

高速公路一般远离城市，其污水无法排入市镇下水管网，如果污水不加处理任意排放，将会对公路沿线的环境质量、居民生活、人文景观价值产生极大的负面影响。污水净化对高速公路沿线环境的保护具有重要的作用,在公路沿线设置污水净化设施可以实现对污水的有效处理。省南粤交通公司项目中用于污水处理的设施多为沉淀池以及中水处理装置。

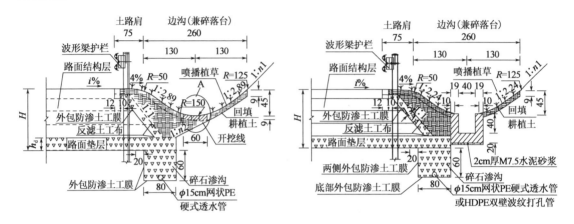

图2-21　浅碟形生态边沟(BG-A1)(尺寸单位:cm)　　图2-22　预制混凝土边沟(BG-B1)(尺寸单位:cm)

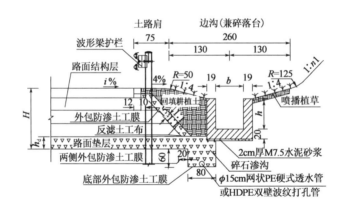

图2-23　预制混凝土边沟(BG-C)(尺寸单位:cm)

沉淀池是利用重力沉降作用将密度比水大的悬浮颗粒从水中去除的处理构筑物,是污水处理中应用最广泛的处理单元之一,可用于污水的一级处理、生物处理的后处理以及深度处理。

服务区生活污水处理的实质是利用各种手段和技术将废水中的污染物分离出来或转化为无害物质,从而使污水得以净化。主要方法是物理、化学和生物处理法。在实际应用过程中多采用好氧生物处理法,按主要工艺流程可分为 A-O 法(厌氧好氧工艺法)、A^2-O 法(厌氧—缺氧—好氧法)、SBR 法(序批式活性污泥法)。

省南粤交通公司各建设项目结合实际区域特点,选择恰当的位置设置沉淀池,对污水进行处理,同时采用先进的做法或设备进行中水回收利用,提高了水资源的利用效率。

(一)河惠莞项目污水净化设施布置

河惠莞项目为实现预制梁场水资源的循环利用,在主线路基设置了五级沉淀池,用于污水的净化。

河惠莞高速公路TJ10合同段预制梁场位于K85+462—K85+934.5段主线路基上,为保证预制梁场养生水的循环利用,在K85+768.6位置处设置一座五级沉淀池(图2-24),位于25m箱梁及T梁台座间,紧邻存梁区,便于生产污水的处理和净化。前四级作为沉淀池,第五级作为蓄水池,前者承接参与养生后由水槽汇集回流的水,在池中进行过滤沉淀,后者用于清水或沉淀、清污后的再生水的储存。经五级沉淀池沉淀处理后的水在喷淋系统使用的过程中形成雾化效果,与使用井水效果相当,有效减少了工程建设用水对周边环境的污染。

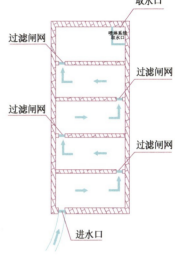

图2-24 五级沉淀池平面布置图

(二)吴川支线项目污水净化设施布置

吴川支线项目在施工现场设置七级沉淀池用于混凝土运输车洗罐与拌和楼清洗时的废水混合物处理。当废水混合物进入砂石分离机后,砂石分离机利用自身工作原理将废水混合物分离为碎石、砂及水泥浆。其中,水泥浆进入第一级沉淀池,经过七级沉淀后排出,砂和碎石排出分离口,利用装载机铲走重复利用,实现资源有效分离,为资源再利用奠定基础。传统的沉淀池往往仅实现对污水的净化,吴川支线项目优化了原有设计方案,有效提高了砂石分离效率,使得污水的净化效果更优,环保效果较好,如图2-25所示。

(三)云湛项目阳化段污水净化设施布置

云湛项目阳化段在服务区应用A/O-MBR(厌氧/好氧膜生物反应器)污水处理及中水回用技术,如图2-26所示,解决了服务区无法使用市政供水的用水问题,避免对周边环境造成污染,同时提高了水资源的利用效率。中水回用技术是指将服务区生活废(污)水(厨房、厕所、洗车、畜产车冲洗污水)集中处理后,达到一定的标准回用于服务区的绿化浇灌、消防及杂用水水池等,从而达到节约用水、水资源循环利用的目的。

该技术充分适应服务区污水水量波动大的特点,当水量长时间远低于设计流量时,A/O-MBR反应器采用间歇运行的模式。A/O-MBR反应器中接种的工程菌通过与活性基团的键合作用固定于级配填料表面生长,细菌活性高,不易流失。工程应用结果表明,A/O-MBR能够适应间歇性进水的运行模式,出水水质稳定达标,具有良好的污水净化效果。

图 2-25 吴川支线项目七级沉淀池

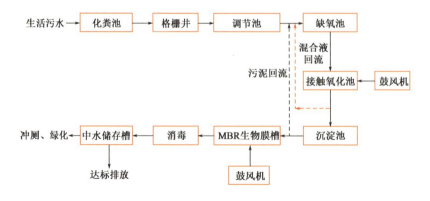

图 2-26 A/O-MBR 污水处理及中水回用技术

（四）仁博项目仁新段污水净化设施布置

仁博项目仁新段在水资源敏感区路(桥)面应用径流水防治技术,在水资源敏感路段路面水、桥面水收集系统的终端设置过滤池、应急池等收集设施,对径流污水收集处理,防止直接排入敏感水体(图 2-27)。

图 2-27 仁博项目仁新段桥下沉淀池

第三节 生态环境恢复

高速公路建设中常见的生态破坏现象为:因路基施工产生裸露坡面或不稳定边坡,表层几乎无植被覆盖,地质不稳定;因挖方取土对土地资源造成破坏,完全改变了原有土体的自然结构;临时设施及活动场所破坏了地表自然生态系统,使得地表自然生态系统退化,土地生产力降低甚至丧失。为了生态系统的可持续发展,应针对被损害的自然环境进行生态恢复。生态恢复的基本原则有:生态效益最大化原则,实现边坡生态系统各项功能与服务的最优化;生态效益与景观效益相结合的原则,除恢复自然生态系统外,还具有改善生态环境和景观环境的作用;植物措施与工程措施相结合的原则。常见的生态恢复技术有:土地复垦技术、生物环境工程技术、路域景观恢复工程技术。

省南粤交通公司所属项目将土地复垦技术和生物环境工程技术有机结合,充分发挥生态措施的优势作用,通过对项目区域地形、气候、温湿度等条件的调研,对包括中央分隔带、路基边坡、护坡道、边沟外侧、互通和弃、取土场等部位进行生态环境恢复设计,取得了较好的应用效果。

一、中央分隔带生态恢复

中央分隔带最重要的功能就是防眩,既要有效地遮挡车辆前照灯的眩光,还应满足横向通视好、对驾驶员心理影响小的要求。高速公路的防眩措施一般有两种形式:一种为防眩板防眩,另一种为植物防眩。

后者在高速公路绿化中应用较多。中央分隔带绿化对整个景观构成的影响也是至关重要的。景观绿化的主要方式是选择合适的植物,满足中央分隔带绿化要求,创造出舒适的环境并保证行车安全。

中央分隔带的设计一般以常绿灌木的规则式整形设计为主,有时配合落叶花灌木的自由式设计,地表一般用矮草覆盖。在增强交通功能和持久稳定方面,主要通过常绿灌木来实现,选择时应重点考虑那些耐尾气污染、生长健壮、生长缓慢、耐修剪的灌木,如图2-28所示。

图 2-28

图 2-28 中央分隔带绿化设计

云湛项目化湛段改进了以往桥梁中央分隔带的设计形式,于左右幅桥梁之间增加搭接板,利用该空间回填耕植土,种植景观树。改进后的桥梁中央分隔带与路基中央分隔带形式统一,线形流畅。不仅具有良好的防眩效果,而且方便了机电管线等附属构件的布置(图 2-29)。

图 2-29 云湛项目化湛段桥梁中央分隔带航拍图

二、路基边坡生态恢复

边坡生态恢复以生态防护技术为主,将生态防护与工程防护相结合,从单一的植草绿化发展到草木结合的立体绿化,以多种类的花、草、木营造与环境协调的优美景观效果,并将支挡结构与植被技术相结合,达到护坡和改善生态环境的双重效果(图 2-30)。

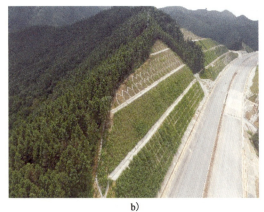

图 2-30　边坡生态恢复

省南粤交通公司所属项目结合边坡的地形及地势特点,积极探索资源再生利用的方式,如利用废旧轮胎或植生袋对石质边坡或圬工砌体边坡进行防护,绿化效果较好,如图 2-31、图 2-32 所示。

图 2-31　填石路基利用废旧轮胎防护绿化

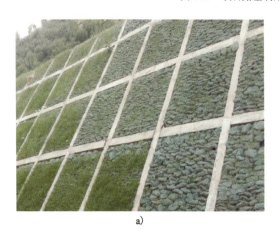

图 2-32　填石路基利用植生袋防护绿化

三、护坡道、边沟外侧生态恢复

护坡道以及边沟外侧生态恢复对于提升景观效果具有重要作用。护坡道、边沟外侧植物种植应遵守"佳则收之,俗则屏之"原则(图2-33)。

图2-33 护坡道或边沟外侧生态恢复

四、弃、取土场的生态恢复

弃、取土场是路基工程施工中植被破坏最严重的地方之一。此类区域应以种植树木(木本植物)和灌木为主、植草辅助的方式来恢复植被,树木与灌木的根可深扎入土壤中,树木长大后能有效挡风、挡雨、保水,控制较陡峭边坡的土壤侵蚀,防止水土流失,后期管理方便、简单。

第三章

资源节约

第一节 资源节约集约利用

公路交通的发展是社会可持续发展的重要内容,可持续发展的核心意义在于,不是不能利用和开发资源,而是强调合理和有效利用资源。高速公路建设虽然无法完全避免对已有土地的征用,但因我国林地、耕地资源紧张,在项目建设期间应采取合理措施减少对其影响,将节约用地的思想贯穿高速公路建设全阶段。

为认真贯彻党中央、国务院关于"实行最严格的耕地保护制度"的精神,在公路建设中应进一步合理利用土地资源,提高土地利用率,实现社会全面、协调、可持续发展。土地利用的基本原则为:一是把保护耕地放在土地利用与管理的首要位置;二是坚持供给制约和引导需求,统筹安排各业用地;三是开发与节约并举,以土地挖填为重点,提高土地利用效率;四是处理好长远与当前、整体与局部的关系,实现土地利用经济、社会、生态效益三统一。

省南粤交通公司本着土地资源保护的原则,从各个项目所处实际地理环境出发,因地制宜,从总体上为各个项目工作的开展拟定了整体思路,各个管理中心严格遵守公司的各项规定,始终以减少土地的占用和发展当地经济、造福当地人民为目标,因地制宜地采取有效措施减少耕地和基本农田占用,在总公司和各个管理中心的共同努力下,实现了国家林业资源和农业资源保护效益的最大化。

一、土地资源规划利用

公路建设与节约用地之间的矛盾越来越成为人们关注的焦点。在公路建设中如何更加节约、更加合理地利用土地,已经成为公路交通可持续发展中最为关键的问题之一,因此节约用地、严格控制占用耕地和保护土地资源是工程建设项目研究的重点。在确定路线具体走向和选择工程建设方案时,可采取以下措施以减少耕地的占用:

1. 与自然资源国土空间规划单位密切协作,做好土地利用现状和利用规划的调查。收集规划资料,掌握沿线土地规划的第一手资料,用于方案设计、优化及比选。

2. 建设方案比选时将占用土地和基本农田的数量作为主要比较指标,在可能的情况下,采用适当增加工程投资而占地较少的方案。

3. 路线尽量绕避高产良田、基本农田和经济作物区,按照"尽量利用荒地、劣地,少占用耕地,特别是农田保护区的土地"的原则进行方案研究。设计中通过优选路线方案减少耕地特别是基本农田的占用。方案设计中采取靠山布线、适当降低平纵面技术指标等综合手段,最大限度地适应地形,降低填挖高度、减少耕地的占用。

4. 路线方案研究中,树立集约型布局的概念,减少对土地的分割,便于土地资源的有效利用。做好机耕通道的统筹设计,方便耕种,减少耕作不便的边角地数量。

5. 优化设计方案,在环境与技术条件可行的情况下,适当降低平纵面技术指标,最大限度地适应地形,充分考虑采用低路堤、浅路堑、高架桥、挡土墙等方案。对于填土高度大于15m的路堤,尽量考虑设置防护设施、采用高架桥等方案,减少占地宽度,以节约用地。

6. 互通式立交应采用适当的方案和技术指标,布局应紧凑,以减少占地。

7. 在路基、交叉工程土石方调配中,应在技术经济比较的基础上,尽量移挖作填和集中取弃土,并与改田、造地相结合,以减少施工方和取土坑、弃土堆用地。

8. 对集中取弃土的取土场(坑)和弃土场(堆),给排水管网及其他地下工程用地,如仍能恢复使用的,应按照国家有关规定进行复垦,恢复利用。

9. 应尽量采用新型桥梁结构,以降低桥头引线长度和填土高度。

10. 对于公路工程通信、监控、供电系统的管线,在符合技术、经济和安全的条件下,尽量共沟架设,并应尽可能在公路用地范围内布置。

(一)道路选线优化

设计阶段要树立全寿命周期成本理念,统筹考虑设计、建设、营运、养护的全过程,优化设计线形,系统解决工程结构的耐久性、安全性、可行性、防灾减灾的有效性,以及环境景观的协调性等问题。设计中应贯彻环境保护意识,要"尊重自然、保护自然、恢复自然",把景观设计融入全程设计。优化设计可节约用地,通过采取各种技术措施,尽量减少耕地占用,避让基本农田和农作物区,充分利用荒山、荒坡地、废弃地和劣质地。最佳的设计方案不仅线形优美、景观漂亮、使用寿命长,而且节约大量工程造价。

当项目建设路线部分内容考虑不到位、当地自然环境发生变化或当地经济、规划发展政策发生调整时,原始设计方案均需进行调整。因此,设计选线优化对工程建设具有重要意义。省南粤交通公司在项目规划设计阶段便开始对土地资源的合理化使用进行布局,从绿色环保的角度出发,在路线选形、选线方面以减少林地、耕地和农田的占用和降低对自然环境的干扰为主要目标,通过对线路走向和桥隧比的合理控制,实现节约土地占用、保护生态环境的目标。

龙怀项目连英段在规划设计时,针对路线选择、临建设施布置等工作进行了方案比选论证,以减少占用土地为目标,采用避让生态敏感区或增加桥隧比的方式优化原设计方案,因地制宜,提出了更为合理的设计方案。龙怀项目连英段路线东西走向,途经翁源县县城、龙仙镇、周陂镇、官渡镇、英德市青塘镇、桥头镇、东华镇、望埠镇、英红镇、横石塘镇、石灰铺镇、西牛镇、浛洸镇、九龙镇。与京珠高速公路以英华枢纽互通,与广乐高速公路以仙桥枢纽互通,与筹建韶新高速公路以六里枢纽互通,与拟建连佛高速公路以小湾枢纽互通,基本覆盖全线交通功能。

1. 集约利用通道资源。路线所经过的市县(镇)沿线主要公路为省道 S341、省道 S244、国道 G106、省道 S347、省道 S348 等,大部分线路沿省道 S347、省道 S348 走廊带布设,如图 3-1、图 3-2 所示。如望埠镇路段、西牛镇路段,充分利用了既有公路走廊带,节约生态资源,有利于公路用地、路域景观的综合利用,也大大减少互通连接线长度。

图 3-1　望埠镇路段与省道 S347 共走廊带　　　　图 3-2　西牛镇路段与省道 S348 共走廊带

2. 充分利用荒地,节约土地,尽可能少占耕地。项目总体地势起伏较大,丘陵广布,丘谷相间,总体路线走廊带区域内,分布多个村庄,经济以农业为主,人均耕地面积少,土地开垦程度高,人口与耕地之间矛盾突出。为尽可能少占耕地,路线尽可能沿山脚布线,充分利用荒地,减少农田占用。

青塘互通路段(K164+985—K169+630)考虑减少耕地占用,将路线调整至北侧山地;为避免占用宏宇陶瓷公司用地,将立交形式由双喇叭调整至 B 型单喇叭+菱形方案。方案经优化后,占用耕地减少了约 15.3 万 m^2,如图 3-3 所示。

图 3-3　青塘互通立交平面图

寨背村路段(E3K273+600—E3K274+610)路线尽量选择沿山分布,减少耕地、平地的占用,给当地未来的发展留出了空间。

3. 严格保护土地资源。对经过农田保护区的线路,尽量选择以桥代路,减少对土地资源的占用。例如,路线经过的英德市两德园区、英红镇路段,为减少土地资源的占用,采用英德北江特大桥(跨北江、X381、城市道路及北江两岸农田)设计方案,该桥全长1545.4m,主跨为(108+190+108)m;采用英红特大桥(跨京广高铁、顺通大道、市政道路、溪沟及农田)设计方案,该桥全长2023.8m,跨京广高铁段为(90+90)m;采用长塘特大桥(跨广乐高速公路、市政道路及农田)设计方案,桥全长2724.4m。

4. 尽量绕避村庄等建筑物密集区,减少房屋拆迁量。项目为减少拆迁,路线设计时尽量绕开村庄密集处。如经翁源县城段,将路线布于翁源县规划区外侧、村庄稀疏处,减少了对当地居民生活的影响,同时有效控制了经济成本,如图3-4所示。

图3-4 翁源县城段线路设计

在经过英红园路段布设路线时,充分考虑了该路段两侧厂矿、居民区集中的因素,尽量避免拆迁,有效提高高速公路施工速度,同时保证了施工质量,如图3-5所示。

（二）局部设计优化

项目建设过程中,以前期规划设计为基础,但在施工建设过程中,由于项目沿线自然环境、人文环境复杂,在项目建设过程中,应根据项目实际区位周围特点,本着环保节能、降低对自然环境干扰的目标,改善、调整、优化原设计方案,以提高资源利用效率,达到最优化设计的目标。

1. 龙怀项目英怀段在互通立交设计时,采用占地较小的单喇叭互通形式进行互通立交设计,将匝道收费站等设在互通立交地区内,进而减少辅助设施占地。从环保方面考虑,单喇叭互通设计优化了自然保护区内的桃源互通设计方案,实施桃源互通改为单向互通的方案,有效减少了占地面积,如图3-6所示。

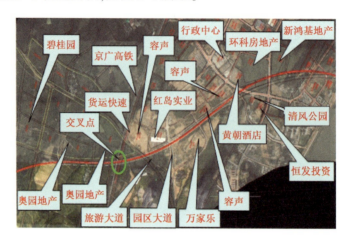

图3-5 英红园路段线路设计

图3-6 龙怀项目英怀段桃源互通立交

2. 清云项目西江特大桥"通道锚"的原设计方案由于与实际区域不符,依据现场实际情况对原设计方案进行了布置调整。云浮侧锚碇位于缓和曲线上。若按原初步设计方案思路将锚碇置于桥面以下,主缆为避让引桥,需设置约1.08°的偏角,对主塔受力及锚碇相关构造产生不利影响,而且增加了土石方的开挖量,环保性差。为解决上述问题,设计将锚碇上移至桥面以上,行车道从锚碇基础中穿过,如图3-7所示。"通道锚"方案不仅减少了山体开挖,而且改善了索鞍和索塔受力,打破了传统锚碇设计理念,将锚碇基础置于路面以上,具有创新意义。

3. 在山区陡坡路段路线经过区域,为防止对山体过度开挖,规划设计时采用"路半桥"的设计,以减少对当地自然环境的影响,同时提高环保经济效益。

图 3-7 清云项目西江特大桥"通道锚"设计

4. 东雷项目"民安西立交洼地设计"结合项目区位特征进行设计建设,在土地节约利用等节能环保方面取得了良好的效果。

项目在建设期间注意开展土地资源保护工作,项目民安西立交采用洼地设计,在保证立交内排水的同时,在红线范围内增加了可利用土方,降低了经济成本,减少了土地资源的开挖。民安西立交位于台地山包上,因项目全线缺土,故以浅挖方为主。考虑到立交处于山顶,汇水量少,施工图阶段对立交环圈和三角带内的路堑边坡进行下挖,形成人工洼地。该洼地设计一方面可作为取土场利用,另一方面洼地可创造景观水体,与周边的滩涂景观融为一体,与自然和谐。图3-8、图3-9分别为民安西立交景观平面图与断面图。

图 3-8 民安西立交景观平面图

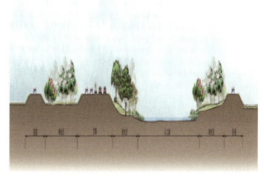

图 3-9 民安西立交景观断面图

二、"永临结合"

"永临结合"指的是将永久设施与临时设施相结合,依据相应的设计标准和施工标准,实现临时设施在项目结束后可以继续使用的目标。"永临结合"有利于已有资源的二次利用，提高了资源的配置效率，降低了经济成本。省南粤交通公司将"永临结合"的理念融入土地资源利用效率提升和隧道外供电线路设计中。在土地利用方面，尽可能利用原有道路，提高施工道路标准以利于工程结束后移交给当地政府使用，项目管理处驻地采用租用当地建筑的形式减少新建房屋，降低对土地的占用和经济成本；在隧道外供电线路设计时，将临时施工要求与永久性使用要求相结合，一次性完成供电线路建设，避免重复性建设，控制无用成本，提高了线路利用效率。

（一）临建道路建设

在节约用地方面，省南粤交通公司采用了"永临结合"的设计方式，将临时用地与永久用地相结合，将施工便道与地方道路相结合，节约了土地资源，同时也降低了经济成本。龙怀项目英怀段、仁博项目新博段等项目在工程建设过程中均采用了"永临结合"的设计，减少了对已有土地资源的占用，降低了经济成本。

1. 龙怀项目英怀段为山岭重丘区路段，根据工程项目建设涉及地方道路改路的情况，对施工便道进行了"永临结合"的专项改道工程设计，将施工便道与地方改路永临结合。

项目TJ37标所处深山，地形地貌复杂，山势陡峻，现有道路较少，当地群众生活、生产及出行极不方便。当地政府为改善群众出行条件，提出能否在施工图设计阶段将施工便道与地方改路相结合。TJ37标在便道设计时，参考当地政府意见，进行了"永临结合"的专项道路设计。

因便道多处需经过山石陡壁段，高差达100m以上，施工条件非常困难，为保证便道工程进度，同时要在后续标段进场时完成便道施工，所以该段将便道纳入了先行工程TJ41标，提前实施。在实施过程中，采取了先集中钻孔，待有炸药再开挖的办法，为后续进场标段缩短了施工准备时间，为山岭重丘区路段施工创造了有利条件，达到了如下管理提升的目标：

（1）对山区地形复杂地段的施工便道进行专项设计，确保了行车安全。

（2）将施工便道纳入先行工程标段提前实施，为后续进场标段创造施工条件，缩短施工准备时间，利于总体工期控制。

（3）后续标段进场后可在旱季施工路基，对路基施工的质量、安全和进度管理都有益处。

（4）建成通车后为高速公路运营期的管养提供养护道路。

（5）工程完工后，将便道移交地方使用，既有利于当地群众出行，又为山区经济发展打下基础，使施工便道成为"永临结合"的惠民工程，如图3-10所示。

2. 仁博项目新博段采用"永临结合"的方法,将施工便道与地方道路相结合,项目驻地与当地原有的设施相结合,减少新建设施,进而减少对土地资源的占用,如图3-11、图3-12所示。

图3-10 龙怀项目英怀段 TJ37 标施工便道现场照片

图3-11 施工便道与地方道路"永临结合"

图 3-12　仁博项目新博段临建道路

（二）隧道外供电系统建设

目前,国内高速公路大部分在建项目的外供电线路工程采用临时用电和永久用电分批分时段建设,相互之间没有联系。由于临时用电和永久用电在外供电线路走向、负荷容量等方面都有较多部分重合,造成资源浪费。在隧道外供电系统建设时,为避免外接线路的二次布设,河惠莞项目和龙怀项目龙连段在隧道外供电方案设计中运用了"永临结合"的设计思路,将临时用电和永久用电需求相结合,实现了"一线架通,全线共享",有效地避免了后期电力线路的重复建设,降低了经济成本,同时解决了施工临时用电需求,提高了工作效率。

1.河惠莞项目采用"永临结合"的方式对隧道外供电方案进行设计。其将项目内特长隧道外供电系统采用"永临结合"形式,即将施工临时用电和隧道运营永久用电相结合,设计思路为施工临时用电负荷容量考虑外供电架空线缆线径,施工期为临时用电提供电源;通车前将该架空线路直接转成永久用电线路,为永久用电负荷供电。通过采用"永临结合"的方案,节省了为黄江1、2号特长隧道群和赤竹坪特长隧道单独接引施工临时用电的线路设施费用,经初步估算,节省建设费用约600万元。综合考虑外供电建设方案,避免了电力线路的重复建设,节约建设投资,降低能耗,有效解决了施工临时用电和永久用电需求,同时推进了工程进度。

2.龙怀项目龙连段在用电方面同样采用"永临结合"措施,以节约集约促环保。在设计阶段本着"永临结合"的思想,以龙连高速公路的2条特长隧道供电线路为依托,将土建标的施工用电同管理分中心、收费站、养护工区等站点的用电相结合,采用高压专线+沿线连接的方式,达到"一线架通,全线共享"的效果,使得供电线路明显缩短,节省建设费用1000多万元,如图3-13所示。

图 3-13　龙怀项目龙连段隧道外供电设计

（三）临时建筑物利用

已有建筑设施就地应用是指依靠现场实际条件，以减少土地的使用为目标，通过已有建筑物的利用或者同一设施的多次利用进而增加设施的利用率，同时减小对当地资源过大的消耗。在工程建设过程中，就地应用主要体现在已有房屋的利用、预制梁场的结合使用方面，仁博项目新博段、河惠莞项目和清云项目采用就地应用的方式，取得了明显的经济效益和环保效益。

1. 仁博项目新博段将预制梁场建于路基或工业园内，节约用地，降低造价。项目全线 12 个预制梁场有效节约临时用地约 20 万 m^2，硬化层可留作路基结构层，降低施工成本约 858 万元，如图 3-14 所示。

a)　　　　　　　　　　　　　　b)

图 3-14　预制梁场建于路基或工业园

2. 河惠莞项目将预制梁场建于路基上，节约用地，降低造价。项目全线 16 个标段预制梁场有效节约临时用地约 22 万 m^2，如图 3-15 所示。

图 3-15 预制梁场与路基相结合

3. 清云项目利用现有道路作为施工便道,减少重复建设和土体开挖,不仅节约了经济成本,还减少了对自然生态的破坏。在不影响路面施工或通行条件的前提下,预制梁场原则上可设置在主线或互通区路基上,减少临时用地规模和成本,如图 3-16 所示。

图 3-16 设置在主线或互通区路基上的预制梁场

第二节　自然资源再生利用

再生资源利用是指将生产和消费过程中产生的废物作为资源加以回收利用,工程废渣、废料的充分利用使得废物再生利用取得明显效果。使用再生资源可以大量节约能源、水资源和生产辅料,降低生产成本,减少环境污染。高速公路建设必然伴随着大量废弃资源的产生,针对废弃资源的类型,合理地使用必然会降低其对生态环境的影响,同时可以提高经济效益。

再生资源的回收与利用水平直接关系到一个国家能否最大限度地减少原生资源的开采、最大限度地保护不可再生资源、最大限度地减少原生资源开采中所造成污染的废弃物的排放,关系到一个国家能否进入可持续发展的良性循环模式。总之,再生资源是一笔巨大的财富,是缓解当前资源紧缺、减轻环境污染和生态破坏压力的重要途径。

省南粤交通公司积极响应国家节能环保的要求,在资源利用效率的提升和不可再生资源的利用方面积极探索,因地制宜,在公路沿线表土资源的利用、隧道弃渣及工业、生活污水的处理后再使用等方面进行了科学研究和探讨,并取得了良好的应用效果。

一、表土资源利用

表土层包括自然土壤中的腐殖质层、含枯枝落叶层以及耕作土壤中的耕作层。中国公路建设项目在占用土地后,普遍把表土层作为一般土料来使用或直接乱堆乱弃,由此造成了对天然肥力较高的土壤资源的巨大浪费。表土的珍贵之处在于,其不仅含有大量植物生长所需的养分,而且表层土壤中的有生命的种子,形成了土壤种子库,是潜在的植物种群或群落,是植被天然更新的物质基础。表土资源在自然环境中具有重要的价值,通过表土的收集、处理、再利用,可保护表土资源,并实现表土资源的价值提升和保护表土内微生物,保持土壤的原生状态。表土再利用技术目前主要采取的方法为先将表土剥离后堆放好,在限定的开采时间到后,填好挖坑及废弃地,再铺回原来的表土。其通常用于:一是利用表土进行取、弃土场的造地复垦;二是利用表土进行拌和站、预制梁场、施工驻地的复垦;三是利用表土进行边坡绿化;四是施工中未利用的腐殖土,可以与当地政府沟通,提供给当地政府和群众进行造地造田,使土地资源得到最大化利用。表土资源的利用减少了土地资源占用,实现了对环境的保护。合理利用表土资源可以恢复施工场地的耕种,固化土壤,提高林木种植率,增加绿化面积,从而实现了土地资源的合理和充分利用。

根据《广东省环境保护规划纲要(2006—2020年)》可知,项目所经区域为广东省"陆域一级结构性生态控制区",是"生态公益林的主要建设区域",要"控制林木开发,优先选用乡土物种,维持自然生境,维护控制区内生态系统的自然演替,保存良好的自然生态系统,在空间上形成广东省陆域生态屏障"。开展公路沿线表土资源保护工作,提高水土保持与植被修复成效,不仅能够保障区域生态安全,而且对于建设一条绿色、环保的生态高速公路具有重要的意义。

省南粤交通公司的项目贯穿于广东省森林资源中,沿线具有丰富的表土资源,为避免表土资源的浪费,仁博项目仁新段针对表土资源的利用开展了广泛的调研应用,清云项目开展了《清云高速公路生态敏感路段表土资源收集与利用技术研究》的科研课题攻关工作,形成了科学的表土资源利用方案,为表土资源利用提供了有力的科学依据。

(一)仁博项目仁新段表土资源利用方案

为改善土地资源短缺的现状,在高速公路建设过程中,采用表土剥离技术实现土地资源的循环再利用,一方面能够增加耕种面积,另一方面还能够通过工程建设实现绿化的目的。表土剥离技术是指将原本可以用来耕种,最后却被建设或露天开采所占用的表层土壤进行剥离,然后将土壤搬运到其他地方进行复垦或进行土地改良的一项技术。

仁博项目仁新段沿线基本为低山丘陵和重丘地形地貌,沿线山地多为经济林,部分河谷盆地土地多为耕地和城镇规划用地,耕地资源稀缺,土地价值高,保护耕地和节约用地尤其重要。仁博项目仁新段在建设期间开展土地表土资源收集与循环利用技术研究与示范,将红线范围内适合耕种的表层土壤剥离出来,进行集中堆放和管理,用于原地或异地土地复垦、土壤改良、景观绿化种植等,避免表土资源的浪费和水土流失。通过耕地耕作层土壤剥离再利用工程,在项目区域实行综合治理,可以降低项目建设对生态环境的影响,遏制生态环境的恶化,还有效地增加了项目区域农用地面积,从而实现项目区域生态环境系统的良性循环,净化空气,改善周边区域的大气环境质量,使项目区及其周边地区居民的生产生活环境大有改观,达到既发展经济又改善生态环境的目的。表土资源剥离再利用技术具有明显的经济效益、生态效益和社会效益。

经济效益:表土资源剥离再利用技术不仅可以减少水土流失,保护土地生产力,维护当地农业生产水平,还可以节约外购表土的投资成本。

生态效益:土地是一个自然、经济和社会的综合体,表土含有植物生长必需的养分,同时也是一个土壤种子库,通过植被恢复或复耕等方式对表土进行利用,可以降低对生态环境的影响。

社会效益:表土作为一种珍贵的自然资源,表土资源剥离再利用技术可以实现开发建设项目对表土的综合利用,符合国家推行的"资源节约型、环境友好型"的可持续发展战略要求,也符合"创新、协调、绿色、开放、共享"的发展理念。

在高速公路工程建设过程中,表土资源剥离再利用技术一方面节约了土地资源,其土地资源较高的肥力有力保障了植物的生存状态;另一方面还减少了环境污染,提高了种植率,增加了绿化面积,从而实现了土地资源的合理、充分利用。

(二)清云项目表土资源利用方案

清云项目路线处于南岭山脉南侧,属西江两岸山地与粤中低山丘陵,所经区域土地资源紧张,为减少农田占用,项目布线以山地为主,项目占用林地最多。表土是一种重要的土壤资源,由于其位于地表,枯枝落叶作用使其内含有丰富的营养元素以及植物种子库,可用于后期植被修复的种植土,因此,设计中针对项目实施过程中部分林地和农田路段开展清表施工,保护和利用表土资源。

清云项目为实现项目沿线表土资源的再生利用,开展了《清云高速公路生态敏感路段表土资源收集与利用技术研究》的科研课题攻关工作,旨在提出清云高速公路施工期表土资源的保护及利用技术,维护粤北山区生态安全。该课题针对表土资源利用研究内容主要包含:表土资源收集利用的各环节成本;表土资源利用的合理调配和规划;表土资源的边坡直接利用和喷播基质利用。其指出表土资源的利用应遵守以下原则:因地制宜原则、就地利用原则、节约成本原则、优先利用原则和充分利用原则。通过对该项课题的研究,可有效提高表土资源的利用效率,直接指导工程实践,具体处理方法如图 3-17 ~ 图3-20 所示。

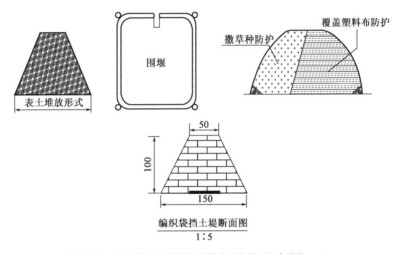

图 3-17　表土临时堆放场防护设计示意图(尺寸单位:cm)

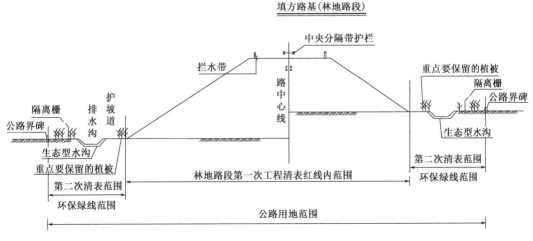

图 3-18　林地填方路段植被保护

a)   b)

图 3-19   表土临时堆放场实例图

a)   b)

图 3-20   清表施工过程及表土收集

清云项目的表土资源利用方式及实施效果为：

1. 林地表土筛分后用于边坡客土喷播植被恢复。

利用方式：为解决弱风化岩石边坡的植被恢复问题，将收集的优质林地表土资源晾晒并粉碎，并用 20mm 网筛过筛，筛除大颗粒及植物残体后，替代外购土壤配置客土喷播绿化基材，用于沿线岩质边坡植生层重建，如图 3-21 所示。

实施效果：林地表土资源利用于边坡生态修复取得了良好成效，边坡修复当年即观测到有乡土灌木种类生成，所生成的群落多样性丰富，结构稳定。

2. 林地表土直接回填用于边坡与取、弃土场等场地，诱导自然植被恢复。

利用方式：针对一些土质条件较差的取、弃土场，当地收集的林地表土质量一般也较差，则直接对这些表土人工拾除大石块之后，进行回填利用，避免过低的筛分效率增大应用成本,如图 3-22 所示。

a) 表土现场过筛

b) 拌入木屑或锯末改良土壤

c) 客土喷播施工

d) 边坡施工完成

e) 乡土灌木群落(刺滇茄等)初步建成

f) 边坡乡土灌木野桐建成

图 3-21　林地表土用于边坡客土喷播植被恢复

实施效果:该表土利用方式取得了良好的成效,首先是其加速了自然植被的恢复速率,其次是建成了持续性能好的乡土灌木类型。

a) 回填后6个月自然恢复效果

b) 场地局部已有灌木建成

c) 回填后20个月自然恢复效果

d) 已建成草灌混交植被

图3-22　林地表土直接回填用于边坡与取、弃土场等场地，诱导自然植被恢复

3. 堆贮后的农地表土（黏性土）掺加用于改良边坡客土喷播。

利用方式：针对肥沃的农地表土，利用其农地表土良好的土壤结构以及丰富的养分，促进植被的恢复，降低化肥的使用量，如图3-23所示。

实施效果：农地表土用于边坡客土喷播，由于土壤肥沃，植物生长良好，植被建成速度快。

4. 堆贮后的稻田土回填用于植被修复。

利用方式：针对稻田土与鱼塘表土，由于其为淤泥质土壤，一般富含有机质，土壤水分含量高，结构黏实，不易分散。采用表土回填方式用于取、弃土场及各种桥梁结构下侧，能够起到良好的补充土壤有机质并减弱水土侵蚀的作用，如图3-24所示。

实施效果：表土回填利用后，初步有一些喜水性群落建成，景观效果良好。

图 3-23　农地表土掺加用于改良边坡客土喷播

a) 大云脚大桥桥下绿化

b) 仓背2号大桥桥下绿化

图 3-24　稻田表土用于桥下客土回填与植被恢复

二、矿物资源利用

资源的再利用是提高资源利用效率的一种有效措施。随着山区高速公路的大规模修建,由于山体开挖而产生了大量的隧道弃渣。如果对隧道弃渣资源不加以利用,一方面将大量的隧道洞渣废弃,需要占用大量的土地;另一方面又需开山取料或征用农田取土,既造成大量浪费,又破坏和污染环境。高液限土资源与隧道弃渣资源类似,若作为弃方处理,势必增加工程造价,同时加剧对水土资源的破坏。因此,资源的再利用是针对隧道弃渣和高液限土等不良土质处理的最佳方法。隧道弃渣或高液限土等资源经过处理后可用于路基、路面等领域,可产生直接的经济效益和减少对生态环境的二次影响,是一种有效的资源再次利用方式。

(一)隧道弃渣资源利用

广东省山岭丘陵分布较广,因此项目沿线隧道较多,隧道弃渣的应用较为普遍。其中广中江项目、大丰华项目、揭惠项目、仁博项目仁新段和新博段、潮漳项目、龙怀项目英怀段和龙连段均结合项目自身特点,针对性地开展隧道弃渣应用工作。

1. 大牛山隧道位于广东省江门市江海区,穿越大牛山,采用连拱隧道方案,隧道全长341m,最大埋深约45m。广中江项目依据项目全线隧道弃渣资源概况,为了减少隧道弃渣资源的浪费,根据弃渣类型分类选用,将其作为项目全线纵向调配之用,主要应用于路基等工程上。该标段共利用隧道弃渣12.8万m^3,其中龙溪主线路基填筑3.45万m^3,南山互通立交填筑6.1万m^3,路基支挡防护工程1万m^3,其余利用2.25万m^3,有效地利用了工程废料,降低了经济成本,实现了隧道弃渣资源化。

2. 鸿图嶂特长隧道位于广东省梅州市丰顺县,属于大丰华项目建设工程,隧道全长6336.5m,穿越莲花山,隧道施工出渣约120万m^3,其中88.2%为Ⅱ、Ⅲ级围岩。隧道洞渣主要为中微风化花岗岩,岩质坚硬,岩石抗压强度高,是优良的筑路材料。结合大丰华项目建设特点和隧道洞渣的物理性质,本着物尽其用、资源再生利用的原则,在隧道两侧设置碎石加工场,经处理后的隧道洞渣可用于路基填料及路面下面层、基层材料。隧道弃渣的有效利用是大丰华项目在项目建设期间始终坚持"零弃方"理念的成果结晶,该方法有效地实现了隧道弃渣资源的再生利用,节约资源变废为宝,降低了工程综合成本。

3. 揭惠项目穿越小北山和大南山,跨越榕江、练江及相关支流,需大量设置隧道和高架桥。项目主线全长63.291km,连接线长8.5km,桥隧长度为36.857km,占路线总长的51.34%。隧道总长7947m,其中特长、长隧道7302m/4座,中、短隧道645m/1座。为充分利用隧道洞渣,该项目4个隧道标(A1、A2、A5、A6)皆设立了碎石加工场,将岩性较好的洞渣加工为碎石,经试验确定符合压碎值要求的碎石用来拌制混凝土,岩性较差的洞渣分解后用来填筑路基或便道,如图3-25所示。经碎石分类处理后,可实现资源的合理化使用,并且有效地提高使用效率。

揭惠项目结合项目桥隧比例高的特点,充分考虑隧道洞渣在路基填筑、预制场及路面施工方面的利用,实现低耗环保、资源循环利用、制衡当地石材价格、降低工程造价的目标,值得推广与借鉴。

a)   b)

图3-25 揭惠项目隧道开挖洞渣的利用

4.仁博项目笔架山隧道、坪田隧道、李洞隧道、青云山特长隧道结合隧道弃渣资源利用的原则,将隧道建设与路面工程相捆绑,使得隧道弃渣应用于路面工程中,实现了洞渣循环利用量304万m^3,节约成本费用35497万元,取得了显著的环保效益和经济效益,如图3-26～图3-28所示。

a)   b)

图3-26 仁博项目隧道洞渣加工生产线

图 3-27　仁博项目仁新段隧道洞渣用于清淤换填　　图 3-28　仁博项目茅田隧道碎石、机制砂加工场

综上可知,仁博项目采用隧道与路面捆绑招标的方式,将部分隧道洞渣利用纳入相关标段合同条款,通过将隧道洞渣加工成碎石用于路面工程、路基填筑、涵台背填筑,实现了部分隧道洞渣的充分利用,同时减少土方挖方量,实现了自然资源的再生利用,有效地减少了资源浪费,降低了对自然环境的破坏。

5.隧道弃渣资源的利用需要创新的管理方法和科学的监督制度,使得再生资源的利用效率逐渐增高。潮漳项目、龙怀项目对此进行积极学习与研究,并将管理方法应用于工程建设中,取得了显著的作用效果。

潮漳项目在建设过程中为充分利用工程废渣、废料,借鉴以往工程的先进经验,结合项目自身路线的特点,采取了以下措施推动废弃资源的再生利用,具体举措为:

(1)在设计阶段考虑土石方合理调配,在施工阶段进行动态调整,降低废弃土石方数量。

(2)推广路基开挖石方在路面集料、机制砂中的利用技术,将路基石方生产的碎石用于便道碎石层铺设、填石路基、水稳层施工,降低废气石方数量。

龙怀项目统筹考虑全线隧道洞渣利用,通过隧道洞渣加工成碎石再利用,使隧道洞渣"变废为宝",实现了对各施工单位的碎石质量和数量的双控,同时遏制了周边市场碎石价格的非理性增长。该方法既调动了各施工单位的积极性,又节约了项目的建设成本,实现了参建各方的合作共赢。

(二)沿线山石资源利用

项目建设过程中可能遇到不良地质状况,导致当地土石无法直接使用,但若直接将不良土质废弃,将导致极大的资源浪费。为提高资源的利用效率,项目建设时,应通过可行手段对不良土质进行处理,实现废弃土石资源化。这里主要是针对项目建设期间遇到的煤系土、高液限土的处治利用进行介绍。

高液限土天然含水量高,孔隙比大,液限高,具有弱膨胀性,长期强度低。失水后,在干燥时收缩开裂变硬,吸水时则膨胀软化,使土体结构破坏,以至崩解,此时极易产生堆塌、表土溜坍和滑坡等现象。煤系土岩层软硬不均,层间胶结极差,呈松状结构,开挖后风化速度快,遇水易软化流失,极不稳定。

1. 广东省仁化(湘粤界)至博罗公路项目位于广东省中北部山区,路线所经地段分布地层主要有第四系、燕山期、侏罗系、石炭系、泥盆系等,有多段煤系地层出露,煤系土层影响路基填料的选择及路堑高边坡稳定性。广东省部分公路项目的煤系地层边坡出现过严重的坍塌、滑坡事故,且煤系土开挖后风化速度较快,遇水易软化、稳定性极差,使其直接作为公路路堤填料无法满足质量控制要求。仁博项目根据煤系土的工程特性以及路堤填料的要求,对广东省煤系土层进行调查、研究,对其物理力学性质指标进行测定分析后对煤系土层进行分类,根据试验结果就土质筛选、填筑部位、填筑方式、防排水措施等制定了相关要求。仁博项目全线共利用煤系土、高液限土分别为 11 万 m^3、15 万 m^3,减少了弃方和借方,也相应减少了取、弃土场,降低对周边环境的破坏,节约工程造价约 750 万元。煤系土、高液限土的应用有效减少了项目建设所需土壤资源开挖的数量,避免了对自然资源的浪费以及对周边生态环境的破坏,同时降低了因"工程借土"产生的建设成本,显著地提高了资源利用效率。

2. 龙怀项目经过区的花岗岩、砂岩风化土层液限较高,为高液限土,局部还具有膨胀性。项目所在区内岩浆岩发育,且以侵入岩为主,其中以中深成相的花岗岩为主。为避免高液限土及煤系土资源的浪费,龙怀项目连英段为了减少对土地资源的开挖,采用掺砂改良和掺"康耐"土壤稳定剂改良等方法针对项目沿线的煤系土进行改造处理。在公路建设中,高液限土的应用十分广泛,在对路基填筑过程中,高液限土能增强路基的稳定性,但是高液限土比较特殊,进行路基填筑过程中很容易使一些难以压实的路面出现坍塌。高液限土经改良处理后,用于路基设计中,可有效增强路基的稳定性,针对项目建设不同区段特点,分别采用不同处理方式。

针对道路填方路段,可采用以下处理方式:

(1)如地基表层含有煤系土,在满足正常压实的基础上,基底用高性能冲击式压路机压实 10 遍以上。

(2)若煤系土不适合作为路基填料,可以为服务区或管理区平整场地采用。

针对道路挖方路段,当路面下遇煤系土时,可按如下原则进行处治:

(1)当路面下煤系土厚度不超过 150cm,将煤系土全部超挖并换填粗粒土或其他合格土。

(2)当路面下煤系土厚度超过 150cm,向下超挖 150cm 并换填粗粒土或其他合格土,

然后在其上设15cm碎石垫层，同时亦保证换填土下基底的压实度在94%以上。

（3）挖方路段碎石盲沟应加深至换填土下方20cm，煤系土挖方路段路面结构必须设碎石垫层。

（4）为防止地表水渗入到地基土中，在换填粗粒土底部设置一层不透水复合土工布。

3. 与仁博项目和龙怀项目相似，大丰华项目沿线地质条件复杂，在建设过程中，发现项目穿越莲花山大断裂带的路段存在大量特殊性岩土（高液限土、含砂低液限土）。项目管理中心秉持"零弃方"、资源再生利用与生态环境保护的理念，在该区域采用土岩混填、补强压实、利用好土进行包边、增设高强土工格栅和片石夹层等措施，对特殊性岩土进行处理改造，用于项目全线合理利用。特殊性岩土的应用明显降低了经济成本，减少了对其他土地资源的使用，有效地提高了山石资源的利用效率，同时避免了特殊性岩土随意处置对沿线动植物生存和活动的影响，实现了对不可再生资源的有效保护和利用。

（三）路面材料循环利用

沥青路面在使用一定时间后，其整体性能将逐步下降，需要周期性地实施大中修养护工程，同时产生了大量的废旧沥青路面材料。沥青路面材料循环利用技术是指在对旧路进行养护维修或大修改造时，把回收的旧沥青路面材料经过再加工，作为原材料再回收用到路面工程或其他方面。在公路养护工程中，大力推广路面材料的循环利用技术，是建立资源节约型、环境友好型行业和低碳交通运输体系的重要内容。路面材料循环利用具有节约资源、减少污染等优势，代表着绿色交通、环保交通的一个方向，是转变公路养护发展模式的突破口。江肇高速公路全长107.7km，于2012年底建成通车，至今已运营7年之久。在道路养护管理方面，江肇项目以"预防为主、防治结合"的养护工作思路，深入贯彻落实养护管理"制度化、精细化、规范化、程序化、信息化"的各项工作要求，做好预防性养护。在养护管理期间，其积极探索路面旧材料的循环利用，以减少资源的浪费，提高资源再利用效率。2015年路面专项处治工程中，共回收路面旧材料约2943.49m³，回收率100%。其中，路面旧材料用于人和养护工区道路、场地平整共907.4m³，回龙养护基地场地平整共608m³，剩余旧材料1338.4m³计划用于人和养护地基的平整，利用率97%。通过路面材料的再生利用，可以使其重新满足路用性能要求，可节省大量材料资源和资金，同时避免环境污染，实现循环经济发展和可持续发展。

三、水资源利用

雨水资源和建设用水的收集与再利用可有效缓解水资源紧张的问题。雨水资源化、建设用水经处理后再利用可直接解决服务区的用水问题,同时有效提高水资源的利用效率。自然资源再次资源化和水资源二次利用技术符合资源节约型、环境友好型社会建设的要求,值得推广和鼓励。

(一)雨水资源再利用

怀阳项目根据项目当地地形、地势、气候、植被等自然环境特征,建设海绵化绿色服务区,以实现水资源的回收利用。金装服务区、罗董服务区处于封开县,地处亚热带季风气候区,全年气候温暖,光照充足,水资源丰富,年平均降雨量为1480mm。从两处服务区周边地表水文情势及地形条件来看,具备收集山区地表径流的场地条件,打造海绵化绿色服务区是可行的。服务区遵循"渗、滞、蓄、净、用、排"六大方法并举的原则,采用了雨水收集系统、渗透性生态停车场等方式实现雨水资源化,解决了服务区绿化养护用水的问题,并且积极推广能够长期维持微生物的数量和多样性,好氧、缺氧、厌氧菌同时存在的复合介质生物反应器生活污水回用处理系统,经该系统处理后的污水可用于冲厕、绿化灌溉。雨水收集利用不仅改善了服务区的水环境和生态环境,还改善了区域小气候,实现了服务区水资源的可持续发展。

(二)水资源循环利用

预制梁板施工、高墩养生等施工过程采用智能喷淋养生等方法,可实现水资源的循环利用,提高水资源的利用效率,进一步优化水资源的利用方式。

现阶段预制梁场原来以人工浇洒水养护为主,难以保证养生质量和效果,且劳动力投入较大,常因疏忽出现漏养或不养现象。智能循环喷淋系统用于预制梁养生作业能保证养生质量和效果,全自动控制养生过程,实现全天候养生,避免人工操作存在的养护不及时、不到位的问题。

仁博项目仁新段在预制梁板施工时采用混凝土智能喷淋养生系统,由于智能喷淋养生系统喷出的是气雾状水,对预制梁可以达到全天候、全湿润的养护质量标准,养护效果极为显著;智能喷淋系统采用环保理念对系统供水、用水、回收水进行设计,养护水、场地清洁用水以及雨水经沉淀后可进行重新利用,合理利用了水资源,从而达到了节约用水、环保施工的目的。

仁博项目推行高墩循环养生系统,该系统主要由养生池、高扬程水泵、输水管道、喷淋管、吊挂系统组合而成。该系统的应用既节约了墩柱养生用水量,实现了水资源循环利用,又有效解决了高墩养生困难的问题,保障了高墩混凝土实体质量,如图3-29所示。

类似于仁博项目的混凝土智能喷淋养生系统,揭惠项目通过设备改造采用移动数控喷凝设备来对混凝土进行养生,取得了良好的混凝土梁养生效果,实现了水资源的合理使用。

图 3-29　仁博项目移动数控喷凝设备

第四章

节能减排

节能减排是关系交通运输行业生存发展、关系全面建设小康社会的全局性、战略性问题，是促进交通运输发展方式转变的有效途径，是交通运输行业面临的长期任务，也是我国政府对国际社会做出的郑重承诺。为实现上述目标，交通运输部鼓励全行业做到"五个结合"，即节能减排要与发展现代交通运输业相结合，与交通运输结构调整相结合，与强化行业管理相结合，与推广科技创新相结合，与完善交通运输发展政策相结合。

通过采用节能技术、产品、设备和使用清洁能源，省南粤交通公司各个项目在项目建设期间取得了明显的节能效果。例如，在施工组织设计中控制车辆、机械、设备能耗以及采取合理的减排措施，较好地降低了工程成本和对大气环境的影响。省南粤交通公司在国家和广东省政府的领导下，坚持把建设绿色环保工程作为项目建设的一个重要方向，通过公司总部与下属各个管理处的不懈努力，积极推广使用先进适用的环保、节能技术措施、环保材料、环保产品、节能产品，取得了显著的成就。

第一节 节能低碳技术

国家发展和改革委员会发布的《节能低碳技术推广管理暂行办法》和广东省发布的《广东省重点节能低碳技术推广实施方案》，针对节能技术和低碳技术的内涵给出了明确的定义：节能技术是指促进能源节约集约使用、提高能源资源开发利用效率和效益、减少对环境影响、遏制能源资源浪费的技术。节能技术主要包括能源资源优化开发技术，单项节能改造技术与节能技术的系统集成，节能型的生产工艺、高性能用能设备，可直接或间接减少能源消耗的新材料开发应用技术，以及节约能源、提高用能效率的管理技术等。低碳技术是指以资源的高效利用为基础，以减少或消除二氧化碳排放为基本特征的技术，广义上也包括以减少或消除其他温室气体排放为特征的技术。

节约资源是我国的基本国策，国家实施节约与开发并举、把节约放在首位的能源发展战略，符合经济社会可持续发展的要求。省南粤交通公司鼓励各个管理处积极探索清洁能源在建设工程中的应用方式，针对如何提高能源利用效率和降低环境污染，如何将环境保护和工程建设要求相结合提出了更高的期望。各个管理中心及管理处通过与国内外相关科研、企业单位合作，就清洁能源的应用和降低环境资源的消耗开展了一系列科学研究，并将其研究成果应用于实际工程中，取得了良好的效果。这从根本上提高了能源的利用效率，同时降低了经济和生态成本，实现了对环境的保护。

一、隧道照明智能化控制技术

隧道照明用电是高速公路运营成本的重要组成部分，同时，隧道照明也是高速公路运营期能源消耗量较大的一部分。隧道照明能耗的主要影响因素为洞外亮度、洞外天气、隧道照明系统、路面及墙壁材料以及灯具规格和电源电压、功率。因此,为降低隧道照明能源消耗,应从以上影响因素出发开展研究工作。隧道照明智能化控制技术采用了功率低的节能灯设计以及先进的智能感应系统,实现了根据外界亮度实时改变照明亮度,在保证行车安全的前提下,延长了照明灯的使用寿命,降低了能耗,为隧道的长期运营奠定了基础。

目前,高速公路照明仍以高压钠灯为主。高压钠灯具有成本低、能耗高、寿命短(光衰,损坏)、维护成本高(高空作业,封路作业)等特点。LED 灯具与高压钠灯相比,具有一次性投入大、光效高、节能、长寿命、适合调光等特点。从高速公路隧道照明全生命周期角度出发,应用 LED 灯具有助于实现节能减排、减少维护次数以及适应信息化发展需要的目标。

隧道照明设施的改造、新建项目绿色节能技术的应用等有效地提高了能源的利用效率,在环境保护和经济成本控制方面取得了良好的成果。省南粤交通公司在隧道照明设施的改造以及绿色节能技术的应用方面提出了众多设计方案,并取得了较好的应用效果。

(一)龙怀项目隧道照明设施改造

龙怀项目连英段全线共有隧道 9 座,总长度为 13195m,其中包含九连山特长隧道和马蹄山特长隧道。由于隧道照明设施的规模及数量越来越大,运营电力费用较高;但传统隧道照明质量却跟不上高速公路的建设和营运的需要,严重影响行车安全性,为改善隧道照明节能效果和保证行车安全性和舒适性,在公路隧道照明中推行智能调控节能系统是一个有效途径。为加强绿色节能技术的推广应用和改善公路隧道的照明质量,龙怀项目连英段将项目内所有隧道照明全部采用 LED 节能灯具 + 智能调光系统(图 4-1)。该照明系统根据隧道外界亮度、天气、时间等条件自动调节 LED 灯亮度,在保证行车安全舒适的

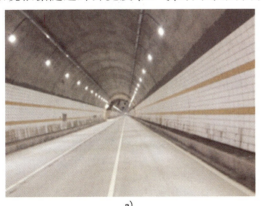
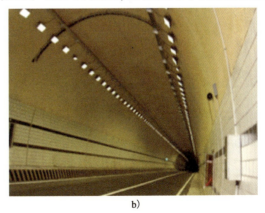

图 4-1 龙怀项目连英段 LED 节能灯具 + 智能调光系统

前提下,降低LED灯的功率,节约照明用电,有效提高节能效率。同时,该项目隧道内LED灯具采用了双透镜的新工艺,可有效提高照明均匀度,从而避免出现光斑的现象,为行车创造更加舒适的条件,有效降低了意外交通事故出现的频率。龙怀项目连英段通过积极探索隧道照明节能新技术,结合项目特色,发展应用了隧道智能照明系统,实现了绿色、环保、智能及降低运营成本的目标。

在隧道节能照明设计的基础上,连英段为打造隧道景观效果,减少因隧道过长对驾乘人员的不利影响,在项目特长隧道部署可根据"春夏秋冬"(图4-2~图4-5)季节性变化场景的LED景观照明,设计别出心裁,有效缓解驾乘人员通过隧道时的紧张、压抑情绪,营造了良好舒适的行车环境。

图4-2 春——木棉

图4-3 夏——荷花

图4-4 秋——海棠

图4-5 冬——蜡梅

龙怀项目龙连段在隧道和房建场区采用与连英段类似的做法——照明智能控制系统,并且结合项目地处山区且路段较长的特点,考虑到供电系统若做到全线覆盖费用较高的问题,因地制宜,在路段中间布设20套太阳能供电设备,有效利用太阳光光伏技术,以保证偏远地区的外场监控正常运作,产生了明显的环保效益和经济效益。

（二）揭惠项目隧道照明设施改造

揭惠项目全线包含4座中长隧道和1座3000m以上的特长隧道,隧道建设规模大,照明所需功率大,能耗较高。为了降低隧道能源消耗量,揭惠项目以满足高速公路隧道安全行车的功能需求为出发点,结合揭惠高速公路的隧道特点,开展了隧道口自然光的照射、环境条件和亮度变化情况课题研究,结合课题研究成果利用LED灯的灯源特性,发展了隧道LED智能照明调光控制系统（图4-6）,良好地解决了隧道照明控制系统能耗高的问题。该系统通过隧道洞内外车辆检测器、亮度检测器、能见度检测器、风速风向检测器等终端设备采集现场参数,识别交通量及洞内外亮度等环境变化,将有关数据上传至控制机,通过控制程序运行并与综合设定值分析比较,确定最终方案,从而实现人性化自动控制,进行合理配光和调光,以智能化手段有效管控隧道内的照明负荷。智能照明调光控制系统可明显地降低电力能源消耗量,取得了良好的节能环保设计效果,显著降低了经济投入,提高了资源利用效率。

图4-6 隧道LED智能照明调光控制系统

（三）仁博项目隧道照明设施改造

经研究发现,路面亮度取决于两个因素:照射道路的路灯和路面材料对光的反射特性。在道路照明设计过程中需要将路灯配光与路面材料的反射系数相结合才能实现准确的道路照明设计,若设计中使用的亮度系数比实际低,将增加道路照明的能耗和建设成本。因此,仁博项目仁新段针对基于高亮度系数路面材料的绿色照明技术开展了研究,并在项目设计时,采用隧道出入口高亮度系数的路面浅色防滑材料进行路面设置,这种路面在具有良好的承载能力和行驶性能的同时,还能够在人眼可接受的范围内提高路面对于光线的反射率,增加路面的反射亮度,使得驾驶员能够在光线不良的路段轻松地找到路面且迅速掌握路线的走向,有力地保证了交通安全(图4-7)。

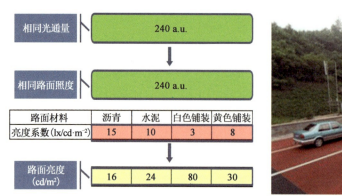

图 4-7　高亮度系数路面材料

综上可知,高亮度系数沥青路面在路面工程中的应用优势主要有以下三点:一是具有较高的亮度系数,改变了沥青路面颜色黑、反射率低的特点;二是属于沥青路面结构类型,路面承载能力和行驶性能好;三是铺装方式灵活,铺装材料廉价易得,有良好的经济和社会效益。仁博项目仁新段提高了隧道进出口路段的路面亮度逆反射系数,降低了隧道进出口照明灯具设计功率和运营照明能耗。

仁博项目新博段竹山隧道结合景观绿化设计、进出洞口的地形、地貌、地质等特点,在隧道进出口端洞口增加通透式明洞的设计,既有利于车辆进出隧道洞口明暗过渡,保障行车安全,同时可降低洞口仰坡高度,减少对洞口的开挖,保持原有的洞口自然生态环境。为实现竹山隧道环保设计和节能降碳相结合的目标,将隧道智能照明系统应用于竹山隧道中。在隧道照明系统成本分析方面,竹山隧道原设计方案灯具采用 180W 的 LED 灯具和 100W 的 LED 灯具。采用棚式明洞后,有效降低了隧道入口段、过渡段等照明标准要求,采用 110W 的 LED 灯具和 100W 的 LED 灯具,灯具投资成本和隧道运营成本明显降低,图 4-8 为竹山隧道照明改造后效果图。

图 4-8　竹山隧道照明改造后效果图

二、天然气沥青拌和楼利用

随着人类对生存环境质量和生活质量要求的不断提高,天然气已成为最佳的清洁能源和原料,是实现经济、社会和环境协调发展的重要途径。

(一)揭惠项目天然气沥青拌和楼利用

揭惠项目 LM1 标原引进的西筑 JD5000 型沥青混凝土搅拌站,采用重油和柴油作为燃料。但重油和柴油燃烧具有明显的不足:重油燃烧不够充分,产生的油烟除了对环境造成污染外,还会产生燃烧装置、除尘布袋等的污染,在缩短其使用寿命的同时还给清洗维护带来极大的不便;重油中的杂质含量较高,热值含量不稳定,隐形耗费较大,对燃烧器、油泵、油嘴、布袋除尘器等容易造成损害,增加设备的故障率,直接影响到工程施工成本和施工质量、进度等。天然气同重油、柴油相比,热值较高,燃烧充分稳定,有着更优良的燃烧特性,而且天然气的热量值单价上更为经济,燃烧效率高于重油,热量利用效率提高 10%~20%,比柴油便宜 50% 左右,而且其中不含有任何杂质,燃烧后无废渣、废水产生,降低了设备的故障率,可节约设备维修费用,从而大大降低生产成本。

因此,LM1 标结合已改造沥青搅拌站相关经验,对沥青搅拌站进行"油改气"改造,由于燃料原始状态不同,供料压力不同,燃烧机理不一样,要实现"油改气"技术改造,需对燃料供给系统即管道、调压、计量装置、燃烧装置、控制系统等进行改造、升级。图 4-9 为揭惠项目 LM1 标拌和站整体外观图。

图 4-9 揭惠项目 LM1 标拌和站整体外观图

天然气作为搅拌设备燃料可以降低石料在加热过程中受到油渣等有害物质污染的程度,增加沥青与石料的黏附性,改善沥青混合料搅拌性能,马歇尔稳定度、水稳定性等各项指标均有大幅度提高,延长沥青路面使用寿命。天然气沥青拌和楼的利用极大地降低了有害气体的排放量,提高了能源利用效率,取得了良好的应用效果。

(二)广中江项目、云湛项目天然气沥青拌和楼利用

广中江项目、云湛项目阳化段为实现节能减排的目标,在项目中应用了天然气沥青拌和楼系统,效果显著。

广中江项目为保证沥青混合料生产节能环保,燃料燃烧充分,集料受热均匀,减少集料在烘干过程中产生过多的燃烧残留物,提高沥青混合料的内在质量,采用合理的方法对沥青拌和楼进行天然气改造,将液化天然气作为燃料用于燃烧烘干系统中,效果较好,如图4-10、图4-11所示。

a)

b)

图4-10 广中江项目天然气沥青拌和楼

图4-11 云湛项目阳化段天然气燃烧系统

云湛项目阳化段 LM4 合同段沥青拌和站采用全球第一台玛连尼 MAT440（5500 型）沥青拌和站（图 4-12）进行沥青混合料生产。该拌和站每小时产能为 400～440t，震动筛分面积达到 72.8m²。

阳化段天然气沥青拌和站的热产能稳定，有效减少了废气排放，且燃烧后无残留保证了沥青混合料的质量，对设备零磨损，从生产效率、混合料质量、环保的社会效益上产生了可观的效果。

图 4-12　玛连尼 MAT440（5500 型）沥青拌和站

第二节　污水处理及泥浆循环利用技术

为实现节能减排的目标，省南粤交通公司针对污水处理技术与泥浆循环利用技术开展相关研究工作。在污水处理方面，根据污水等级的差异，确定污水处理水平，物理作用预处理、生物作用深度处理、物理作用澄清等共同作用，以实现对工业污水、生活污水以及交通污水的净化；在泥浆循环利用方面，将泥浆与钻渣分离，实现泥浆循环再利用，进而减少废弃泥浆的数量。

一、污水处理技术

随着经济的快速发展，水资源短缺的压力越来越大，人们最终意识到社会对水资源的消耗量超出了自然循环可承载的范围以及合理利用水资源的重要性，只有充分尊重水资源自然循环的规律，维持水资源的循环平衡，才是水资源可持续利用的有效途径。污水处理系统的广泛应用是社会可持续发展的必然选择。水资源的节约利用是有效贯彻落实国家节能减排政策的一个重要举措，通过对项目沿线水资源的保护以及工业、生活污水的处理,避免工业污水或交通污水对河流、水库等水源敏感区域造成影响,同时实施了水资源的收集与利用,提高了水资源的利用效率。污水处理程度可分为一级处理、二级处理和三级处理。一级处理主要去除污水中呈悬浮状态的固体污染物质,物理处理法大部分只能完成一级处理的要求,经过一级处理的污水,BOD(生物需氧量)一般可去除30%左右,达不到排放标准;一级处理属于二级处理的预处理。二级处理主要去除污水中呈胶体和溶解状态的有机污染物质(BOD生物需氧量,COD化学需氧量),去除率可达90%以上,使有机污染物达到排放标准。三级处理进一步处理难降解的有机物、氮和磷等能够导致水体富营养化的可溶性无机物等。主要方法有生物脱氮除磷法、混凝沉淀法、砂率法、活性炭吸附法、离子交换法和电渗分析法等。

高速公路作为客流和物流的载体,其污染防治和生态防护需要特别重视。为改善高速公路附属设施污水处理的效果,提高高速公路服务区污水净化效率,避免对附近生态敏感区域造成影响,仁博项目仁新段在高速公路服务区采用了污水处理新技术,该技术是管理处联合交通运输部公路科学研究院研发的一套基于陶土填料的生物速分球污水处理新材料新工艺(图4-13～图4-15),生活污水经处理后排放可有效减少对服务区周边环境的污染,解决了服务区污水处理技术难题,确保"环境友好"理念的贯彻实施。

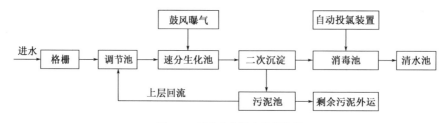

图4-13　速分生化污水处理流程

污水处理工艺基本上是采用物理作用预处理+生物作用深度处理+物理作用澄清,工艺流程为"进水——格栅——调节池——速分生化池——二沉池——消毒——排放"。其中,速分生化池为核心构件。

速分生化污水处理工艺中的核心构件速分生化池主要采用复合速分球+紫砂填料工艺,该工艺能改善填料的水力学性能和微生物亲和性能,为微生物提供水气分布和附着生长条件,提高了生化池污水处理效率。

该技术与同类型污水处理技术相比具有以下优势:①污水处理效率提高了30%(同等规模条件),抗负荷冲击能力强,有效缓解节假日污水冲击负荷大、设备易堵塞、易瘫痪等问题;②采用微动力曝气的方法,比传统技术降低运行能耗50%以上;③该技术无需活性污泥培菌驯化阶段,挂膜快,微生物生长快,启动时间短;④无污泥池,节省土地资源;⑤成本低于膜过滤技术,与传统技术相比,性价比高;⑥维护简单,操作方便;⑦速分球使用寿命长,至少可使用5年以上。

图 4-14　生物速分球污水处理材料设备

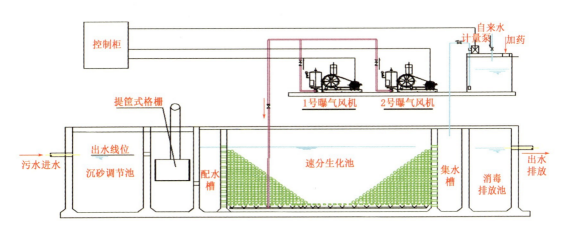

图 4-15　速分生化设备内部构造图

该项技术已经完成高效型污水处理新技术指南的编制,并且已在仁博高速公路丹霞服务区得到示范应用。

二、泥浆循环利用

泥浆是指在灌注桩成孔施工时在孔壁上形成泥皮而加固孔壁和防止坍塌,同时稳定孔内水位的一种半胶体悬浮液。钻孔泥浆是由水、膨润土(或黏土)和添加剂等组成的混合浆体。泥浆除了具有加固孔壁、防止成孔坍塌和稳定孔内水位的功能外,还具有分离岩土碎屑、冷却和润滑钻头的作用。因此,泥浆对于项目下部结构施工具有重要作用。为提高泥浆的利用效率和避免其对环境造成影响,东雷项目、仁博项目仁新段和新博段采用改造的集装箱、泥浆钻渣分离箱以及旋挖钻钢箱池对泥浆进行处理,以实现泥浆的循环应用。

东雷项目为防止泥浆废水排放对环境造成污染,采用泥浆废水处理工艺,设计了一套泥浆循环使用的设施,以实现泥浆废水净化再利用或排放和提高泥浆资源利用率的目标。

该泥浆循环使用设施主要采用集装箱改造成可循环利用的泥浆箱,用于泥浆存储,泥浆在钻孔使用后通过泥浆处理器处理,恢复到使用前状态,在浇筑桩基混凝土时进行回收存储到泥浆箱内。合理的循环泥浆利用,有效减少了泥浆排放,不仅起到保护环境的作用,同时降低了成本。泥浆生产存储回收流程如图 4-16 所示。

图 4-16 泥浆生产存储回收流程

为实现泥浆循环利用,避免对环境造成污染,提高资源利用效率,仁博项目仁新段对桥梁钻孔桩施工时采用泥浆钻渣分离箱,将泥浆与钻渣实施分离,实现泥浆循环再利用,减少废弃泥浆的数量,筛除后的钻渣进行集中清运,避免污染周围土体及河道。同时,钻孔桩施工时采用污泥脱水机处理泥浆,可使泥浆分离成泥块和满足排放要求的洁净水,有利于环境保护。

仁博项目新博段为减少泥浆对沿线敏感水系及环境的影响,将旋挖钻钢箱池采用钢板焊接成箱形埋设在地下,有效防止泥浆渗漏对当地水系的影响,达到泥浆循环利用效果,杜绝泥浆乱排现象,避免对当地水系造成污染,如图4-17所示。

图4-17 旋挖钻钢箱池泥浆循环利用

第五章

仁博高速公路实例

绿色环保公路是绿色交通的重要组成部分，是指按照系统论和周期成本思想，统筹公路建设质量、资源利用、能源耗用、污染排放、生态影响和运行效率之间的关系，统筹公路规划、设计、建设、运营、管理全过程，以最少的资源占用、最小的能源耗用、最低的污染排放、最轻的环境影响，获得最优的工程质量和最高效的运输服务，实现外部刚性约束与公路内在供给之间最大限度的均衡。仁博高速公路在建设过程中，积极落实绿色公路建设理念，在生态环保、资源利用、生态修复、污染防治、节能降碳、景观营造等方面进行了卓有成效的实践，积累了诸多宝贵经验。

一、项目概况

广东省仁化（湘粤界）至博罗公路是国家高速公路网武汉至深圳高速公路的重要组成部分。项目起于广东省韶关市仁化县城口镇，接湖南省炎陵至汝城（湘粤界）高速公路，途经始兴县、翁源县、连平县、新丰县、龙门县，终于惠州市博罗县，与博深高速公路顺接，路线全长约272km。

二、加强生态保护，注重自然和谐

（一）生态环保选线

仁博项目从绿色环保公路本质创建理念入手，通过多方案比选、优化线形、创新设计、开展环评水保等工作，避绕自然保护区、风景名胜区、饮用水源地保护区、基本农田保护区等生态环境敏感区。对确实无法避绕的，在设计阶段进行多方案比选优化，避免大填大挖，达到节约资源、保护环境、促进和谐的选线目的，为仁博高速公路生态环保奠定走廊线位基础。

1. 广东粤北华南虎省级自然保护区

考虑到对广东粤北华南虎省级自然保护区中的华南虎及其生态环境的保护，项目前期对线路进行了比选和优化。华南虎等生性机警的野生动物可于隧道路段通过（图5-1），其他动物可于桥隧路段通过。再通过在局部区域建设相应的生物通道，该项目对华南虎的正常繁衍与迁徙影响甚微。

2. 锦江鱼类生物多样性自然保护区

经线路优化后，锦江大桥在锦江鱼类生物多样性自然保护区实验区跨越锦江，距离保护区核心区最近距离约8.5km。为尽量减少锦江大桥施工期和运营期对保护区的生态破坏，该项目对锦江大桥的桥跨方案进行优化设计，选取主跨为(80+150+80)m预应力混凝土连续刚构作为锦江大桥结构方案,一跨跨越锦江,水中不立墩(图5-2),可大大减少项目实施对保护区敏感水域的不利影响。

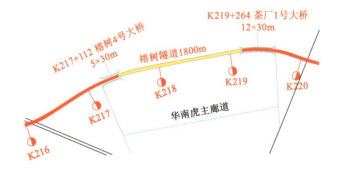

图5-1　华南虎主廊道部位桥隧组合

图5-2　锦江大桥桥跨优化后实景

(二)生态动植物资源保护

1. 大树移栽保护

根据项目前期现场调查结果,仁博高速公路沿线分布多种有价值可利用的乔木,如香樟、山杜英、木荷等。根据项目沿线原生树木的分布状况,在清表期间同步开展原生大树移植工作,按制订移植订案和临时养护实施细则、选择移植时间、修剪整形、移植至临时养护场地、养护、二次移植使用等分步实施(图5-3)。

2. 动物保护

项目与华南虎主廊道存在一个交叉段,主廊道在此位置宽度为2.5km,为尽量减少项目建设对华南虎主廊道的影响,该位置采用以桥隧为主的合理穿越模式,为华南虎的迁徙和活动提供资源和环境条件。在运营期,通过动物通道环境营造及在公路上制作禁止鸣笛等标志牌来降低对动物生存环境的干扰。

a)　　　　　　　　　　　　　　　　b)

图 5-3　原生树木移植临时苗圃园

(三) 沿线水资源保护

1. 建设期污水防治

(1) 施工营地污水防治

基于施工营地大小、设置类别的不同,从以下三个方面来制订治理方案:①租用营地污水治理;②小规模工棚型施工营地污水治理;③大规模工棚型施工营地污水治理。

(2) 施工场地污水防治

预制场、拌和站对水环境的影响主要是在生产过程中用于调和水泥、水泥保养以及洒水降尘所产生的废水,涉及悬浮物和碱性物质的污染。通过设置良好的排水管线对工业用水进行收集,可以避免污染附近水体。图 5-4 为施工场地污水处理沉淀池。

a)　　　　　　　　　　　　　　　　b)

图 5-4　施工场地污水处理沉淀池

（3）碎石场污水治理

碎石场在生产碎石的过程中，清洗碎石中所掺杂的泥沙产生的废水，经七级沉淀后，可再用于碎石生产中清洗泥沙，如图5-5、图5-6所示。

图5-5　碎石场废水循环再利用

图5-6　碎石场污水沉淀、再利用技术应用

（4）隧道施工泥浆污水防治

公路隧道开挖掘进时，经破碎的钻渣、夹泥混合天然涌水形成泥浆，该泥浆通过三级沉淀后，可用于绿化灌溉或直接排入周围水域。其具体工艺流程如图5-7所示。

图5-7　隧道施工中泥浆废水处理流程图

2. 营运期路（桥）面径流污水防治

（1）路面径流防治

非砂性土挖方路基段，采用浅碟形（BG-A）生态植草边沟对路面径流水进行吸附、沉淀、净化处理后直接排入周围水体，能够提高路面径流污水中悬浮固体的污染防治效果，排水沟形式如图5-8所示。

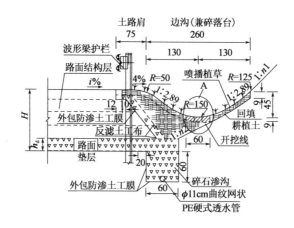

图 5-8 路侧生态边沟常用形式(尺寸单位:cm)

(2)桥面径流防治

桥面径流水防治方案为桥面径流收集后流入缓冲池(或沉淀池),在缓冲池(沉淀池)出流管道处设置一闸门,一旦应急事故发生的话,则立即关闭闸门,不让污水排出,并进行必要的处置(图 5-9)。

图 5-9 "沉淀+应急控制"桥面径流水处理工艺流程

考虑事故应急处理的情况下,桥面径流防治技术应用示例如图 5-10 所示。

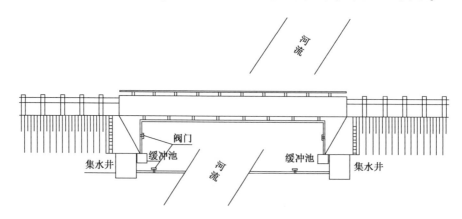

图 5-10 大型桥梁桥面径流水防治技术

(3)服务区污水处理新技术应用

高效型污水处理技术以节能、降耗、减排为目标。在充分考虑仁博高速公路服务区污水的水量和水质特点的基础上，项目部联合交通运输部公路科学研究院研发了一套生物速分球污水处理新材料新工艺，实现服务区污水处理高效化、节能化。

速分生化污水处理工艺基本上是采用物理作用预处理＋生物作用深度处理＋物理作用澄清，工艺流程为"进水——格栅——调节池——速分生化池——二沉池——消毒——排放"。速分生化污水处理技术不仅可以净化服务区污水水质，保护仁博高速公路沿线水资源环境免受污染，确保服务区附近水资源的生态完好，而且节能效果明显，具有显著的经济效益和社会效益。

（四）生态环境景观设计与恢复

1. 精细化景观设计

（1）路侧景观

结合项目沿线地形地貌特点，仁新段打造"山""丹""河""田""林"，新博段打造"瑶韵风光、泉乡画意、青山秀水、乡情野趣"景观主题，采用"露、透、藏、诱"的设计手法体现沿线大地景观，使高速公路成为沿线景观的承载体。露景设计主要是针对路侧周边自然景观良好段落，取消人工栽植，借用远景进行开放营造；透景采用乔木组合栽植，使用在常规段落；对于沿线景观不良或需要遮蔽的段落栽植高大乔木进行遮挡，形成藏景；对于长曲线段落，曲线外弧侧栽植行道树进行引导，采用诱景进行营造。

（2）隧道洞口景观

结合隧道洞口地形地貌、原生植被分布情况及地域文化特色，开展隧道洞口景观专项设计与研究，提升洞口景观效果。例如，在李洞隧道洞口设计中，充分利用原地形，将洞口设计与地形结合，既减少了洞口开挖，又降低了洞口成本，取得了较好的绿化景观效果（图5-11）。

图5-11 李洞隧道洞口仰坡绿化与自然融为一体

青山隧道洞顶采用模纹彩带增加路域特色,该模纹彩带通过彩叶、彩花等常绿植物来塑造,四季变换,达到一年四季都有景可观的效果;同时,模纹形状不拘束于方正,而是用曲线形来表达,活泼且优美,取得了较好的绿化景观效果(图5-12)。

图5-12　青山隧道洞顶模纹彩带造型,分离式路基中分带草花绽放

(3)互通景观

结合沿线互通立交的地形、地貌特点,因地制宜进行绿化造景,充分展示沿线优良的地域景观资源。

仁化互通临近连接线的分流口进行了微地形打造,塑造景观小品,以乔木为顶层植被,配以弧形组团灌木勒杜鹃,灌木下散植草花植被马樱丹,底部铺设草皮,形成高低错落、疏密有致的景观效果,避免视觉空洞。同时,融入当地自然地理文化特色,在微地形上放置景观石暗示丹霞地貌,将其镶嵌于草花植物之间,大方美观。

康溪互通、丹霞枢纽互通场区内进行龟背形地貌营造,在既有煤渣土地表覆盖草皮并散植乔木进行复绿;在分流口种植开花灌木,增加景观情趣,避免视觉疲劳。

江尾互通在原生半荒废梯田基础上进行生态改造,在互通A、B匝道围合成的圆形围合区内和A、E匝道围合成的三角区内修整梯田,每级高度1m,每级种植片式灌木,点缀高大乔木,营造红黄相间的梯田景观(图5-13)。

图5-13　江尾互通梯田景观

南浦枢纽互通结合既有场区水环境基础,进行地形整理,打造水系景观。

坝仔互通营造疏林草地景观,增加景观情趣(图5-14)。

图5-14　坝仔互通疏林草地景观

(4)房建区景观

房建工程在设计阶段落实省南粤交通公司标准化设计有关要求,建筑外立面设计元素展现具有南粤文化特色的新中式建筑风格,并在部分房建主体设计中将当地民族文化元素融入设计,合理运用色彩和图案搭配,突出体现当地民族文化风貌和特点(图5-15、图5-16)。

图5-15　城口主线站实景

图5-16　管理中心内部建筑实景

服务区内部规划参考园林式手法,因地制宜进行绿化美化造景,通过规划设置景观树、景观石等方式展现地域特色;在服务区停车位与服务楼之间设置连廊,外观造型舒适美观,提高了服务品质;场区内采用本土树种与色叶、时花进行点缀美化。服务区中庭景观如图5-17所示。

图5-17 服务区中庭景观

2.近自然生态复绿

(1)边坡生态复绿

为最大限度恢复自然景观,在保障路基边坡稳定的条件下,项目全线路基边坡全面采用喷播植草、挂网客土喷播植草、三维网植草、植生袋生态绿化等生态防护形式进行复绿,合理控制绿化草种配比,为驾乘人员提供了优美的路域景观,如图5-18所示。

a)　　　　　　　　　　　　　　　　b)

图5-18 主线边坡绿化

(2)建立项目"生态保护区"和"生态保护带"

在互通区域、房建场区划定项目"生态保护区"共5处,对保护区原生植被进行围闭保护,避免重复绿化,保护了约3.9hm² 原生植被。划定堑顶开挖线至用地红线范围为"生态保护带",严禁原生植被破坏。"生态保护区"和"生态保护带"的实施,取得了较好的社会环保效益,如图5-19所示。

 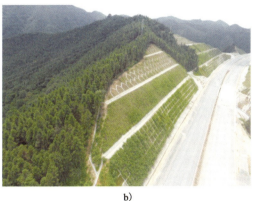

a)　　　　　　　　　　　　　　　　　b)

图5-19　项目"生态保护区"和"生态保护带"

(3)全面覆绿

沿线弃土场、陡坡墩台桩基等位置采用绿色生态防护,增强弃土场及陡坡墩台边坡稳定性;桥下地表和施工便道实施全面绿化,践行"绿色公路"建设理念(图5-20)。

a)　　　　　　　　　　　　　　　　　b)

图5-20　弃土场和桥下地表全面覆绿

三、统筹资源利用,实现集约节约

(一)表土利用

项目设计阶段开展了表土保护与利用技术专题研究,结合研究成果,在路基清表过程中,将适合耕种的表层土壤(20~30cm)剥离出来,在合理运距内进行集中堆放、有效防护和管理,后续用于原地或异地土地复垦、土壤改良、施工期绿色生态防护及景观绿化种植等,使表土资源得到充分利用,变"废"为宝,避免表土资源的浪费和水土流失(图5-21)。

a)

b)

图5-21　表土集中利用

(二)隧道洞渣利用

项目将部分可利用洞渣加工成碎石和机制砂后应用于路面施工,部分可利用洞渣片石应用于护坡、挡土墙、排水沟等砌体圬工结构,部分可利用洞渣破碎后用于路基填筑、软基换填和涵台背回填等,使洞渣资源得到充分利用,显著减少土方开挖量和洞渣弃方量,最大限度地降低了对自然环境的破坏,大大节约了工程成本(图5-22)。

a)

b)

图5-22　隧道洞渣加工生产线

(三)煤系土利用

仁博项目新博段对沿线煤系土作为路基93区填料利用进行试验研究,通过合理改良及精细化施工过程控制,形成煤系土层回填利用技术。该项技术的运用使煤系土利用超过 10 万 m³（图 5-23），经济效益、社会效益显著。

图 5-23　煤系土填筑路堤

（四）废旧轮胎利用

仁博项目新博段有 500m 填石路基边坡利用废旧轮胎回填耕植土绿化，变废为宝，成本较低。经过现场工艺试验对比，废旧轮胎回填耕植土绿化效果较好（图 5-24）。废旧轮胎的再利用，重新唤醒废旧轮胎的价值，对解决目前环境污染困境，具有较大意义。

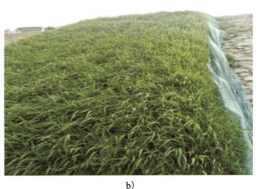

图 5-24　填石路基利用废旧轮胎防护绿化

（五）水资源循环利用

项目部推广应用施工期智能喷淋水资源循环利用和高墩循环养生技术示范，有效提高施工期水资源的利用效率，水资源节约效果明显。

1. 施工期预制梁场智能喷淋水资源循环利用

智能喷淋养护系统可设定喷淋时间与持续时间，循环利用养护用水以节约资源，节省劳动力,实现智能喷淋养护。

2.高墩喷淋循环养生

高墩喷淋循环养生系统主要由养生池、高扬程水泵、输水管道、喷淋管、吊挂系统组合而成,实现水资源循环利用与墩柱养生的较好结合。

四、创新节能减排,落实优质工程

(一)应用光色双指标可控隧道 LED 照明控制系统

基于隧道内外亮度、色温的差异性,项目部采用具有良好光亮度和光色温均可调的隧道 LED 照明控制系统,根据实时监测的隧道洞外光环境亮度和色温变化指标,动态调节隧道内 LED 照明光环境亮度和色温,如图 5-25 所示。

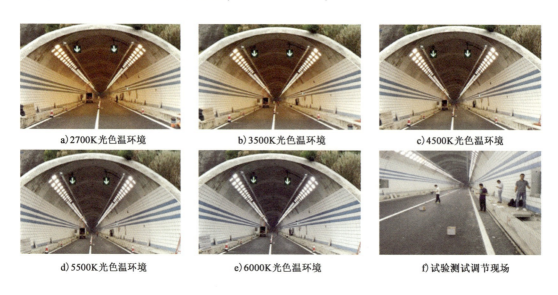

a) 2700K 光色温环境　　b) 3500K 光色温环境　　c) 4500K 光色温环境

d) 5500K 光色温环境　　e) 6000K 光色温环境　　f) 试验测试调节现场

图 5-25　应用光色双指标可控隧道 LED 照明控制系统

(二)基于碳汇能力和多样性的植物绿化组合景观设计技术

项目部在设计阶段对适宜景观绿化树种进行了固碳释氧能力比选研究,对各绿化植被(主要是乔木、灌木)固碳释氧能力进行排序(图 5-26),结合服务设施功能分区特点差异性与生态、景观需求等,实施绿化植物碳汇能力与生态景观设计技术,提出服务区绿化植物组合模式,应用于工程实施,提高了项目服务设施的景观品质和固碳减排能力,保护了区域空气环境。

编号	树种	类型	单位地面面积固碳量($g·m^{-2}·d^{-1}$)	单位地面面积释氧量($g·m^{-2}·d^{-1}$)
1	樟	乔木	16.59	12.07
2	香港四照花	灌木	9.73	7.08
3	青冈栎	乔木	11.89	8.65
4	山杜英	乔木	16.62	12.09
5	红叶石楠	灌木	6.28	4.57
6	铁冬青	乔木	4.93	3.59
7	苦楝	乔木	2.11	1.53
8	扶芳藤	灌木	9.10	6.62
9	木荷	乔木	15.80	11.49
10	猴欢喜	乔木	15.89	11.56
11	龙船花	灌木	3.99	2.90
12	山乌桕	乔木	5.46	3.97
13	羊蹄甲	乔木	10.15	7.38
14	米粹花	灌木	4.8	3.49

图 5-26　适宜景观绿化树种固碳释氧能力比选研究

（三）多措并举改善特长隧道沥青路面施工

青云山特长隧道洞内中部 3km 范围沥青中上面层采用了温拌沥青（图 5-27），九连山特长隧道洞内沥青路面应用净味环保沥青，隧道沥青面层施工时启用洞内照明和隧道射流风机，在工作面布置临时可移动风机进行辅助通风，有效降低沥青烟气。

a)　　　　　　　　　　　　　　　b)

图 5-27　青云山特长隧道沥青路面施工现场

（四）新能源和清洁能源利用

结合新能源汽车城际交通需求，遵循"适度超前，科学布局"的总体原则，服务区规划设计预留了双侧布设充电桩和加气站的条件，为电动汽车和燃气汽车等提供便捷化、多样化的服务需求。

五、实现绿色宣导，推动示范引领

仁博项目结合绿色环保公路创建的要求，在生态环境保护、资源节约利用和节能减排方面根据项目沿线地域状况，积极探索和应用生态环保技术和高效资源利用技术，并取得了明显的环境效益，主要体现在以下三个方面：

第一，通过开展生态选线、环保路面、水环境保护、动植物保护等关键支撑技术科技攻关和成熟技术的推广应用，显著提高了仁博高速公路沿线生态环保、动植物以及水环境安全保障能力。

第二，通过开展固碳植被选型与生态景观一体化设计技术，一方面打造仁博高速公路沿线碳汇林工程，提高绿化植被的吸碳、固碳能力，改善自然环境空气质量；另一方面开展生态景观技术研究与示范，提高了仁博高速公路景观规划设计的科学性，有效保护和展现独特的地域自然环境和人文环境特征，使得自然景观与人文景观完美融和，营造"车在路上行，人在画中游"与自然环境融为一体的山区绿色环保公路美好意境。

第三，通过实施表土资源收集与利用、水资源智能循环喷淋、隧道弃渣和废旧橡胶材料循环利用等资源高效循环利用技术，显著减少施工废土、废渣和废水的排放，产生了良好的资源节约环保效益。

仁博高速绿色环保公路的创建，提升了山区绿色高速公路创建水平，拓展了科技成果转化途径，提高了广东省绿色交通科技成果对创建粤北山区绿色高速公路的贡献率；通过绿色环保公路的创建，将仁博高速公路创建成一条生态环保和绿色低碳的山区绿色环保公路典型示范工程，提高社会公众对广东省山区高速公路绿色建造水平和绿色交通建设行业影响力，推动全国绿色环保公路建设的发展历程，实现经济与自然的协调发展，保护生态环境，达到人与自然和谐相处的目标。

第六章

展望

高速公路建设功在当代,生态环境保护恩泽子孙。公路工程建设在追求效率、品质、工程耐久性的同时,其在建设中对生态环境的保护也已经上升到一个很重要的层面。因此,公路工程建设必须进行转型发展。转型发展意味着从传统的资源型向可持续发展型转变,尊重自然、敬畏自然、与自然和谐相处。

省南粤交通公司在项目建设期间,严格要求各项目遵守国家关于环境保护、资源节约以及节能减排的要求,从生态环保技术、资源节约技术、节能减排措施等方面有针对性地开展相关工作,减少对沿线生态环境的影响,降低资源能源的消耗,实现绿色环保公路的建设,促进人与环境可持续发展目标的实现。

建设美丽中国,是我们每个人的责任和义务。只有坚持人与自然和谐共生,树立和践行"绿水青山就是金山银山"的理念,并大力推动绿色发展方式和生活方式,将环境保护理念融入工程建设的各个方面,推动工程环保设计和建设,坚持工程建设以环保效益、生态效益为先,我们及我们的子孙后代才能拥有可持续发展的生态环境,才能更好地保护这颗美丽的蓝色星球。